D1824854

1 MONTH OF
FREE
READING

at
www.ForgottenBooks.com

By purchasing this book you are eligible for one month membership to ForgottenBooks.com, giving you unlimited access to our entire collection of over 700,000 titles via our web site and mobile apps.

To claim your free month visit:
www.forgottenbooks.com/free353736

* Offer is valid for 45 days from date of purchase. Terms and conditions apply.

ISBN 978-0-266-69376-5
PIBN 10353736

This book is a reproduction of an important historical work. Forgotten Books uses
state-of-the-art technology to digitally reconstruct the work, preserving the original format
whilst repairing imperfections present in the aged copy. In rare cases, an imperfection in
the original, such as a blemish or missing page, may be replicated in our edition. We do,
however, repair the vast majority of imperfections successfully; any imperfections that
remain are intentionally left to preserve the state of such historical works.

Forgotten Books is a registered trademark of FB &c Ltd.
Copyright © 2017 FB &c Ltd.
FB &c Ltd, Dalton House, 60 Windsor Avenue, London, SW19 2RR.
Company number 08720141. Registered in England and Wales.

For support please visit www.forgottenbooks.com

Die

Geldqualität der Banknote.

Eine juristisch-socialökonomische Untersuchung

von

Dr. Adolf Weber.

Leipzig,
Verlag von Duncker & Humblot.
1900.

SPRECKELS

Alle Rechte vorbehalten.

Pierer'sche Hofbuchdruckerei Stephan Geibel & Co. in Altenburg.

Meinen Eltern.

112187

Vorwort.

In seiner Schrift „Criminalité et répression" glaubt P r i n s der Jurisprudenz den Vorwurf machen zu müssen, daſs sie zu wenig das praktische Leben beachte und sich zu sehr in Abstraktionen verliere, „semblable à la Thémis de l'ancienne mythologie, elle conserve un bandeau sur les yeux. Elle se détourne de la vie; la vie s'éloigne d'elle." Ich muſs gestehen, daſs mir häufig genug diese Worte einfielen, als ich die weitschichtige Litteratur, die dem „Geldwesen" gewidmet ist, studierte. Es kann nicht geleugnet werden, daſs gerade bei Behandlung der Fragen: Was ist das Geld? Wie wurde das Geld? Was soll Geld sein?... und ähnlicher nicht selten von dem Wege abgewichen wurde, welchen der „common sense" vorschreibt und zwar nicht nur von den Juristen, in vielleicht noch höherem Grade von den Socialökonomen. Alle Theorie muſs doch schlieſslich den einen Endzweck haben, dem praktischen Leben zu dienen; nimmermehr darf daher auch die Wissenschaft ohne Grund eine bestimmte Volksanschauung ignorieren.

Einen Widerspruch zwischen Theorie und Praxis zu vermeiden, war die vornehmste Aufgabe, die ich mir bei meiner Arbeit stellte; vielleicht darf ich hoffen, diesem Ziele nicht allzu ferne geblieben zu sein.

Bonn, im August 1900.

Der Verfasser.

Inhaltsübersicht.

Quellenverzeichnis.

I. Lehrbücher, Kommentare u. dergl.

Beseler, Deutsches Privatrecht. Bd. I S. 495 ff. 1885.

Cosack, Lehrbuch d. deutschen bürgerl. Rechts. 2. Aufl. Bd. I S. 134 ff.

Cosack, Lehrbuch d. Handelsrechts. 4. Aufl. S. 336 ff.

Dernburg, Pandekten. 5. Aufl. S. 75 ff.

Dernburg, Das bürgerliche Recht. Bd. II S. 31 ff.

F. Endemann, Einführung in das Studium des B.G.B. Bd. I S. 518 ff.

W. Endemann, Der deutsche Civilprozefs. S. 200 f.

W. Endemann, Handbuch des deutschen Handels-, See- und Wechselrechts. Bd. II.

Goldschmidt, Handbuch d. Handelsrechts. Bd. I Abt. II S. 1060 ff.

Ch. F. Koch, Kommentar zum „Allgemeinen Landrecht für die preufsischen Staaten". 8. Aufl.

R. Koch, Reichsgesetzgebung über Münz- und Notenbankwesen. 3. Aufl.

Laband, Das Staatsrecht des Deutschen Reichs. 2. Aufl. Bd. II S. 182 ff.

Mandry, Der civilrechtliche Inhalt der Reichsgesetze. 4. Aufl. bearbeitet von Otto Geib. Freiburg i. Br. 1898.

Mathiafs, Lehrbuch d. bürgerl. Rechts. Bd. I S. 138—143.

Planck, Deutsches Civilprozefsrecht. Bd. II S. 744 f.

Regelsberger, Pandekten. Bd. I S. 396 ff. 1893.

Seuffert, Kommentar zur C.P.O. 7. Aufl. S. 916 ff.

Rich. Schmidt, Lehrbuch des deutschen Civilprozefsrechts. S. 624. 1898.

Wilmowski u. Levy, Lehrbuch des deutschen Civilprozefsrechts. 2. Aufl. S. 832.

Windscheid, Pandekten. 6. Aufl. Bd. II S. 25 ff.

Cohn, System der Nationalökonomie. Bd. II u. III. 1889 u. 1898.

Conrad, Grundrifs zum Studium der politischen Ökonomie. 2. Aufl.
1898.

Heitz, Neue Grundsätze der Volkswirtschaftlehre. 1897.

Rau, Lehrbuch der politischen Ökonomie. 7. Aufl. Bd. I.

Roscher, System der Volkswirtschaft. Bd. I u. II. 21. bezw. 6. Aufl.

Schäffle, Das gesellschaftliche System der menschlichen Wirtschaft.
2. Aufl. 1867. Desgl. 3. Aufl. 1873.

L. v. Stein, Die Volkswirtschaftslehre. 2. Aufl.

Ad. Wagner, Grundlegung der politischen Ökonomie. 3. Aufl. 1892.

Devas, Grundsätze der Volkswirtschaftslehre. Übersetzt von
W. Kämpfe. 1896.

Cossa, Elementi di Economia Sociale. IX ed. Mailand 1891.

Baudrillard, Manuel d' Économie Politique. III éd. Paris 1872.

John Stuart Mill, Principles of Political Economy. London 1865.
(People's Ed.)

Ricardo, Principles of political economy and taxation. Deutsch von
Baumstark. 2 Bde. Leipzig 1837.

Adam Smith, An Inquiry into the nature and causes of the wealth
of Nations. London 1870.

Storch, Cours d' Économie Politique. Tome III. Petersburg 1815.

II. Monographien.

Chevalier, La monnaie. Paris 1866.

Dankwardt, Nationalökonomisch-civilistische Studien. Leipzig 1862

Drews, Die Banknote und ihre Stellung zum Gelde. Göttingen 1893.

Gruchot, Die Lehre von der Zahlung der Geldschuld. Berlin 1871.

Hartmann, Über den rechtlichen Begriff des Geldes und Inhalt von
Geldschulden. Braunschweig 1868.

Hildebrand, Theorie des Geldes. Jena 1883.

Hertzka, Das Wesen des Geldes. Leipzig 1887.

Hoffmann, Lehre vom Gelde. 1838.

Hume, Essays, moral and political. Bd. I. Part. II Essay III (of
money). 1898.

Helfferich, Reform des deutschen Geldwesens. 2 Bde. 1898.

Jevons, Money and the mechanisme of exchange. Deutsch als Bd. 21
der „Internat. wissenschaftl. Bibliothek". Leipzig 1876.

Knies, Geld und Kredit, 2 Bde. Berlin 1873—1876.

Koch, Geld und Wertpapiere in Beiträgen zur Erläuterung und Beurteilung des Entw. Berlin 1888.

Kuntze, Die Lehre von den Inhaberpapieren. Leipzig 1857.

Laveleye, Das Geld. Übersetzt von v. Bahr. Berlin 1883.

Mommsen, Geschichte des röm. Münzwesens. Einl. Berlin 1860.

Montesquieu, Esprit des lois. Paris 1800.

Mc Culloch, Geld und Banken. A. d. Engl. übersetzt von C. J. Bergius u. J. K. Tellkampf. Leipzig 1859.

Nebenius, Der öffentliche Kredit. Karlsruhe 1820.

Oertmann, Die Volkswirtschaftslehre d. Corpus iuris civilis. Berlin.

Ravit, Beiträge zur Lehre vom Gelde. Lübeck 1862.

Rochussen, Studies over Geld- en Muntwezen. 's-Gravenhage 1888.

Price, Geld- und Bankwesen. A. d. Engl. v. H. Brefeld. Berlin 1877.

v. Savigny, Obligationenrecht. Bd. I. 1851.

Scharling, Bankpolitik. Jena 1900.

Schurtz, Grundriſs einer Entstehungsgeschichte des Geldes. Weimar 1898.

Ströll, Papiergeldreform. 1873.

Unger, Die rechtliche Natur der Inhaberpapiere. Leipzig 1856.

Ad. Wagner, Geld- und Kredittheorie der Peelschen Bankakte. Wien 1873.

Ad. Wagner, System der Zettelbankpolitik. Wien 1873.

Ad. Wagner, Staatspapiergeld, Reichskassenscheine u. Banknoten. 1876.

Walker, Money. New York and London 1877.

Wirth, Das Geld. Leipzig 1884.

Wolowski, Sur la question monetaire. Paris 1869.

III. Zeitschriften [1].

Archiv für civilist. Praxis (Wendt), cit. Seite 62.

Archiv für öffentliches Recht (Laband u. Stoerk), cit. Seite 75.

Annalen d. Deutschen Reichs (Hirth), cit. Seite 7. 46. 63. 75.

Grenzboten, cit. Seite 17.

Journal des Economistes, cit. Seite 52. 61. 72.

Jahrbuch des gem. Rechts (Bekker u. Muther), cit. Seite 16.

Jahrbuch für Gesetzgebung, Verwaltung u. Volkswirtsch. im Deutschen Reiche (Schmoller), cit. Seite 17. 18.

---

[1] Die in Frage kommenden Entscheidungen oberster Gerichte finden sich zusammengestellt Seite 64 Anm. 5 der Arbeit.

Jahrbücher für Nationalök. u. Statistik (Hildebrand-Conrad), cit.
Seite 5. 6. 29.
Nineteenth century, cit. Seite 5.
Vierteljahrschrift für Volkswirtschaft u. Kulturgeschichte (Faucher,
Michaelis u. s. w.), cit. Seite 42.
Jahrbücher, kritische, für Gesetzgebung und Rechtswissenschaft, cit.
Seite 24. 84.
Zeitschrift für Civilprozefs (Busch), cit. Seite 79.
Zeitschrift für die ges. Staatsw. (Schäffle). (Tübinger Z. abgek. T.Z.)
cit. Seite 12. 28.
Zeitschrift für Volkswirtschaft, Socialpolitik und Verwaltung (v. Böhm-
Bawerk), cit. Seite 44. 45.
Zeitschrift für Gesetzgebung und Rechtspflege in Preufsen (Hinsch.),
cit. Seite 28. 76. 84.
Zeitschrift für das Privat- und öffentliche Recht d. Gegenwart (Grün-
hut), cit. Seite 13. 19.
Zeitschrift für das gesamte Handelsrecht (Goldschmidt), abgek. Z.,
cit. S. 9. 14. 15. 24. 28. 29. 31. 57. 60 64. 73.
Zeitschrift für Social- und Wirtschaftsgeschichte, cit. S. 35.

IV. Wörterbücher.

Bluntschli und Brater, Deutsches Staatswörterbuch. Stuttgart
1857—70.
Handwörterbuch der Staatswissenschaften von Conrad u. s. w. 2. Aufl.
Jena 1900, soweit bis Anfang Juni erschienen.
Macleod, Dictionary of Political Economy. 2 Bde. London.
Wörterbuch der Volkswirtschaft. Herausgegeben von Elster u. a.
2 Bde.

Einleitung.

§ 1.

„Das Verkehrsrecht, seine Lehre und Gesetzgebung, folgen nicht willkürlich gewählten, lediglich nach ihrer eigenen Dogmatik bestimmten Bahnen. Wie das Recht und die Rechtswissenschaft überhaupt nur einen Teil der Gesamtkultur einer gewissen Zeit bildet, so steht insbesondere das Verkehrsrecht unter dem unmittelbaren Einflusse derjenigen Anschauungen, welche in Bezug auf die sein Objekt bildenden Güter herrschen, und in ihm prägen sich, wenn nicht die Verbindung gewaltsam unterbrochen wird, notwendig die wirtschaftlichen Ansichten von den Gegenständen und Mitteln des Verkehrs aus. Niemals können daher die für das Verkehrsleben bestimmten Rechtsnormen wahrhaft erklärt und begründet werden, ohne die in der Praxis des Verkehrs maßgebenden Ansichten zu Rate zu ziehen, deren Summe wissenschaftlich begriffen jene Philosophie der materiellen Güter darstellt, welche als Volkswirtschaftslehre bezeichnet zu werden pflegt."

Mit diesen Worten — sie mögen der vorliegenden Arbeit gleichsam als Motto vorangeschickt sein — leitet W. Endemann seine „Studien in der romanistisch-kanonistischen Wirtschafts- und Rechtslehre"[1] ein. Dem Sinne nach decken sie sich mit den beachtenswerten Gedanken, welche Wilhelm

---

[1] Berlin 1874—1883, 2 Bde.

Ad. Weber, Geldqualität der Banknote.

Roscher den im Anfange der sechziger Jahre erschienenen „Nationalökonomisch-civilistischen Studien" von H. Dankwardt, einer heute freilich — vielleicht etwas zu früh — fast gänzlich der Vergessenheit anheimgegebenen Schrift, voranschickt. Roscher hebt hier aber zugleich auch mit besonderem Nachdrucke hervor, daß Jurisprudenz und Nationalökonomie, „zwei vollbürtige Schwestern, gleich nahe der gemeinsamen Mutter — Wahrheit, und dem gemeinsamen Arbeitsgebiete — Volks- und Menschheitsleben", doch in ihrem Princip selbständig sind, daß derselbe Gegenstand von Rechts- und Wirtschaftslehre aus sehr verschiedenen Gesichtspunkten anzusehen ist. In der That wäre es durchaus verfehlt, wollte man angesichts des Hand- in Handarbeitens der Jurisprudenz und Socialökonomik nunmehr auch ohne weiteres die Begriffe der letzteren auf die Rechtswissenschaft übertragen und umgekehrt. Bei der „Ökonomik" handelt es sich ja im wesentlichen um die Frage, wie ein höchster persönlicher Nutzen bei geringsten Kosten zu erzielen und zu sichern ist; die Wirtschaftspolitik steht demgemäß vor dem „Doppelproblem, möglichste Steigerung des Volksreichtums und möglichste Stetigung des wirtschaftlichen Lebens des Volks" (H. Dietzel) [1]. Das Recht hingegen erscheint als „Inbegriff derjenigen allgemeinen Bestimmungen des Handelns, durch welche es geschieht, daß das sittliche Ganze und seine Gliederung sich erhalten und weiterbilden kann" (Trendelenburg, Naturrecht § 47); vielleicht hat auch Herbart nicht so ganz Unrecht, wenn er meint, daß das „Mißfallen am Streite" für die juristische Auffassung die Hauptsache sei. Jedenfalls ist das Recht für die Volkswirtschaft geradezu die conditio sine qua non, während jedoch andererseits das Fundament alles Rechts die Socialökonomik bilden soll; „Princip und Begriff alles Rechts dürfen nur einfache Konsequenzen des Begriffs und Inhalts des wirklichen Lebens sein" (L. v. Stein).

Die vorliegende Arbeit soll einen Beitrag bilden zur Be-

---

[1] Weltwirtschaft und Volkswirtschaft. Dresden 1900. S. 120.

stimmung eines Begriffs, der für Rechtswissenschaft und Wirtschaftslehre gleich wichtig und hier wie dort Gegenstand
lebhaften Streites ist — des Geldbegriffs. Ich wüſste nicht
besser zu illustrieren, welch' groſser Wirrwarr der Meinungen
hinsichtlich aller Fragen, die mit der „Geldtheorie" irgendwie
zusammenhängen, herrscht, als durch Anführung der Worte,
mit denen die englischen „Geldtheoretiker" Price und Macleod
ihre Schriften über Geldwesen beginnen. Ersterer meint:
„Die Erforschung der Grundlage der Umlaufsmittel (currency)
läſst uns ein Gebiet betreten, welches man mit Recht als ein
Chaos bezeichnet. Selbst der Laut des Wortes currency läſst
uns den Rücken wenden oder die Augen schlieſsen, unser an-
geborenes Gefühl läſst uns einen Gegenstand fliehen, mit
welchem wir ein so unerträgliches Kauderwelsch verbinden";
und Macleod beginnt den Artikel „Currency" in seinem
Dictionary mit der scherzhaften Erklärung: „The most brilliant
orator of our times (Lord Beaconsfield) has declared that the
Currency has driven more people mad than anything else,
exept love. Admonished, therefore by such high authority, that
in discussing the Currency Question we have Bedlam under
our lee, we must do our best not to strand our readers on
such a dreary shore." [1]

Diese Ausführungen der beiden hervorragenden Denker
bekunden deutlich genug, daſs eine Beantwortung der Frage,
welche das Thema dieser Arbeit bildet: „Ist die Banknote
eine Art Geld?" durchaus unbefriedigend sein würde, wenn
nicht vorher der Begriff des Geldes selbst klargestellt worden
wäre [2]. Dementsprechend soll der I. Abschnitt dieser Arbeit

---

[1] Die Litteratur über das Geldwesen umfaſst nach Schätzungen,
die C. Menger und J. Stammhammer vorgenommen haben — abgesehen von den Werken über Numismatik — 5000 bis 6000 selbständige
Schriften und in wissenschaftlichen Zeitschriften publizierte Abhand-
lungen. Eine vollständige Bibliographie des Geldwesens würde einen
Oktavband von ca. 300 Seiten füllen. Vgl. H.W.B. 2. Aufl. Bd. IV
S. 105.

[2] Vgl. Hartmann, Begriff S. 58.

lediglich der Erörterung des Geldbegriffs im allgemeinen gewidmet sein; in einem II. Abschnitte wird sodann das Wesen
der Banknote und die Banknotengesetzgebung besprochen,
der III. Abschnitt endlich soll nach einem Überblick der
hauptsächlichsten in der Litteratur vertretenen Ansichten über
den Geldcharakter der Banknote die eigentliche Antwort des
Verfassers bringen.

Erster Abschnitt.

Der Begriff des Geldes.

I. Vorbemerkungen.

§ 2. a) Entstehung des Geldes[1].

Es leuchtet ohne weiteres ein, daſs ein Güteraustausch in gröſserem Maſsstabe auf dem Wege des Tausches im eigentlichen Sinne des Wortes nicht ermöglicht werden kann. Schon wird es ein seltener Zufall sein, wenn A, der ein Gut des

---

[1] Vgl. J. Lubock, History of money. Nineteenth Century Vol. 6. New York 1879. M. Wirth, Das Geld. Geschichte der Umlaufsmittel von den ältesten Zeiten bis auf die Gegenwart. (Das Wissen der Gegenwart Bd. XXV.) Leipzig 1884. Walther Lotz, Die Lehre vom Ursprunge des Geldes. Eine methodologische Studie. Conrads Jahrbücher 3. F. Bd. VII S. 337 ff. (Wendet sich gegen die Darstellung Karl Mengers in der ersten Auflage des Handwörterbuches der Staatswissenschaften wie überhaupt gegen die „deduktive" Behandlung des Gegenstandes und fordert Anwendung der „entwickelungsgeschichtlichen induktiven Methode".) Seek, Entstehung des Geldes. Deutsche Rundschau 1897. Besonders sei verwiesen auf die interessante Schrift von Schurtz, Grundriſs einer Entstehungsgeschichte des Geldes. Beiträge zur Volks- und Völkerkunde Bd. V. Weimar 1898. — Verfasser vorliegender Arbeit nähert sich am meisten der Auffassung Mengers, speciell in der Formulierung, die sie in dem soeben (Anfang Juni 1900) erschienenen 4. Bd. des H.W.B. Art. Geld gefunden hat.

B gerne sein eigen nennen möchte, zugleich auch über eine
Sache verfügen kann, die der B als Tauschäquivalent ent-
gegenzunehmen bereit ist; so könnte der Schneider Hungers
sterben, ehe er einen Bäcker gefunden hätte, der eines Rockes
bedürfte; und wenn nun auch die erste Vorbedingung des
Tausches erfüllt wäre, so blieben doch noch manche Schwierigkeiten zu überwinden, namentlich hinsichtlich der dem Ab-
schlusse des Tausches notwendig vorausgehenden Verhand-
lung über den gegenseitigen Wert der auszutauschenden Güter.
Ein solcher Tauschverkehr kann daher auch nur auf einer
verhältnismäßig niedrigen Kulturstufe genügen [1], er paßt nur
für die Periode, wo aller Unternehmungsgeist sich meist nur
in den traditionellen und stabilen Formen der Bluts- und Ge-
schlechtsgenossenschaft bewegt. Als dann aber mit der Entwicklung des Privateigentums an Grund und Boden, mit der
Ausbildung der persönlichen Freiheit an Stelle der „natürlichen"
Gemeinschaftsbeziehungen der Menschen reine „gesellschaftliche" traten und damit zusammenhängend „Teilung der Arbeit",
Vermehrung der Güterarten zu konstatieren war, suchte man
nach Mitteln und Wegen, um die Hindernisse, welche sich
dem stetig steigenden Bedürfnisse eines geregelten Güter-
übertragungsverkehrs einerseits durch d i r e k t e n Umsatz,
andererseits durch die d i r e k t e Wertvergleichung entgegen-
stellten, zu beseitigen. Zu diesem Zwecke einigte man sich
über ein bei allen Tauschabschlüssen vermittelndes Glied, ein

---

[1] Freilich meint L o t z a. a. O. S. 343: „In den Anfängen des Wirtschaftslebens stehen sich nicht die Individuen wie geriebene Börsianer
gegenüber, ihre Bedürfnisse abwägend und um den Wert der zu ver-
tauschenden Güter feilschend ... In den ersten Anfängen des Wirtschaftslebens wird überhaupt nicht getauscht ..." Zuverlässige Belege
für diese Behauptung werden sich schwerlich erbringen lassen, wenn
man von der Annahme ausgeht, daß man es damals bereits mit dem
Individuum zu thun hatte, das als homo sapiens bezeichnet wird. Wenn
übrigens heutzutage ein Kind auf der Straße, das ja auch in gewissem
Sinne in den Anfängen des Wirtschaftslebens steht, sein Spielzeug
gegen ein anderes tauscht, so wird man ihm deshalb doch nicht gleich
das Prädikat „geriebener Börsianer" beilegen.

„Tauschmedium". Es liegt auf der Hand, dafs man dazu eine
Ware wählte, welche jedermann gerne annimmt, welche
deshalb, wahrscheinlich schon ehe sie „Tauschmittel" wird, in
der Verkehrsauffassung eine bestimmte Wertrelation gegenüber
allen anderen mindergesuchten Gütern angenommen hat, und
welche jeder, ohne Schaden zu befürchten, so lange behalten
kann, bis er Gelegenheit findet, das, was er beim Verkauf
erhalten, beim Einkauf wieder zu verwenden[1]. Je nach den
Gesittungsverhältnissen ist natürlich der Gegenstand, welcher
sich allgemeinster Wertanerkennung erfreut, verschieden. Bei
uncivilisierten Völkern werden Gegenstände der verschiedensten
Art als „Geld" gebraucht, so z. B. noch heute in Asien
Muscheln „Kauris", im Innern Afrikas Salz, an anderen Orten
Tabak, Korallen, Zwiebeln u. s. w. Bei den Hirtenvölkern
wird das Vieh vorzugsweise als Tauschmedium verwandt[2].
Gerade die „Viehwährung" erfreute sich einer langen weit
verbreiteten Geltung (pecunia non pecus!). „Die durch die
verschiedenen Gattungen des Herdenviehs ermöglichte Stücke-
lung des Geldes, seine Transportabilität, seine leichte kosten-

---

[1] Diesen Vorgang hat bereits der römische Jurist Paulus in treff-
licher Weise geschildert ... Olim non ita erat nummus neque aliud
merx, aliud pretium vocabatur, sed unus quisque secundum necessitatem
temporum ac rerum utilibus inutilia permutabat, quando plerumque
evenit, ut quod alteri superest alteri desit. Sed quia non semper nec
facile concurrebat, ut, cum tu haberes quod ego desiderarem, invicem
haberem quod tu accipere velles, electa materia est, cuius publica ac
perpetua aestimatio difficultatibus permutationum ... subveniret l. 1
D. XVIII 1; vgl. darüber Örtmann a. a. O. S. 86.

[2] In Rufsland konnte man lange Zeit von einer „Pelzwährung"
sprechen. Wie Perrot (Annalen 1870 S. 304) berichtet, dienten doch
zu Peters des Grofsen Zeit Pelze als Geld. Interessant ist, wie hier
neben dem sich einstellenden Metallgelde der Versuch herläuft, den
Gebrauch der Pelze in der Funktion als Geld bequemer zu formali-
sieren: man begann, nur die Schnautze der Pelze statt der ganzen Pelze
selbst als „Geld" zu benutzen: „Das Verhältnis der Schnautzen zu dem
wirklichen Pelze", meint Perrot a. a. O. bietet in der That schon eine
Analogie des „Verhältnisses vom Papiergelde zum Metallgelde"; vgl.
Schurtz a. a. O. S. 33 f.

freie Konservierung bei freier Weide"[1] erklären dies zur Genüge. Mit dem Aufsteigen zur höheren Kultur und zu der damit verbundenen Wertschätzung der Luxusgegenstände werden immer allgemeiner die edlen Metalle als Geld gebraucht, namentlich auch mit Rücksicht darauf, dafs sie leicht zu transportieren, prägbar und teilbar sind und eine bedeutende physische und chemische Unveränderlichkeit besitzen[2].

Indem nun so das Geld zum „konventionellen Repräsentanten sämtlicher Naturalwerte" wurde[3], hat es zweierlei bewirkt: die Substitution der Preisbestimmung in einer Ware, statt der in allen und die Zerlegung des einen Tauschaktes in zwei gesonderte, Hingabe der Ware gegen Geld, und des Geldes gegen Ware. „Ein einzelner Wertgegenstand wurde unter Beseitigung des direkten Umsatzes als Tertium Permutationis (,tierce merchandise') und unter Beseitigung der direkten Wertvergleichung und Wertabschätzung als Tertium Comparationis et Aestimationis gebraucht"[4] zweifellos nur formelle Änderungen, die jedoch für die Volkswirtschaft und die Gesamtkultur einen der gröfsten Fortschritte aller Zeiten darstellen.

---

[1] Knies, Geld S. 109. Vgl. auch Iliade 23. Gesang Vers 700:
Erst dem Sieger ein grofs dreifüfsig Geschirr auf dem Feuer,
Welches an Wert zwölf Rinder bei sich die Danaer schätzten,
Doch dem Besiegten stellt er ein blühendes Weib in den Kampfpreis,
Klug in mancherlei Kunst, und geschätzt vier Rinder an Werte.

[2] Luigi Cossa weifs in seinem Elementi nicht weniger als acht Eigenschaften des Goldes und Silbers aufzuzählen, die diese als „la migliore materia monetaria" erscheinen lassen. l. c. S. 60.

[3] Es ist natürlich keineswegs anzunehmen, dafs das Geld durch ausdrückliche Übereinkunft der Menschen oder durch Gesetz entstanden sei; in dieser Hinsicht bemerkt W. Ridgeway ganz richtig: „It is apparent, that the doctrin of a primal convention with regard to the use of any one particular article as a medium of exchange is just as false as the old belief in an original convention as the first beginning of Language or Law" The Origin of metallic Currency 1892 p. 47 cit. bei Menger, Geld H.W.B. 2. Aufl. Bd. IV S. 65 Anm. 2.

[4] Knies, Geld S. 107. Vgl. Wolowski, l. c. S. 13.

§ 3. b) Die Arten des Geldes.

Es mag auffallend sein, daſs der Geldbegriff, an und für sich ja das Produkt einer keineswegs schwer zu überschauenden historischen Entwicklung, Gegenstand so aufserordentlich zahlreicher Kontroversen geworden ist, sodaſs demjenigen, der verurteilt ist, die umfangreiche „Geldlitteratur" zu studieren, gar zu häufig das bekannte lateinische Diktum: „Fecistis probe, incertior sum multo quam dudum" einfallen muſs. Aber schon bei flüchtigem Durchblättern der Litteratur wird sich dem Leser unwillkürlich der Gedanke aufdrängen, daſs die Streitfragen, die sich an den Begriff „Geld" anknüpfen, ganz sicherlich an Zahl bedeutend geringer sein würden, wenn man den einfachen Gedanken, den bereits der alte J. G. Hoffmann in seiner 1838 erschienenen Schrift über „die Lehre vom Gelde" aussprach, etwas mehr in Erwägung gezogen hätte: „das Wort Geld wird zur Bezeichnung sehr verschiedener Begriffe gebraucht; die Vermischung derselben erzeugt Zweifel und Streitigkeiten über die Eigenschaften des Geldes uud über sein Verhältnis zu Menschen und Sachen; die sorgfältige Sonderung dieser Begriffe ist daher eine notwendige Grundlage gründlicher Betrachtungen über das Geld [1]". Gerade bei „Geld" ist es doppelt auffallend, daſs man aufser acht gelassen hat, daſs statt des scheinbar einen Begriffs des Wortes mehrere verschiedene vorliegen können, weil ja schon die von der Doktrin immer anerkannte Mehrdeutigkeit des romanistisch-kanonistischen Geldbegriffs eine derartige Lösung des Problems nahe legte. — Vor allen Dingen darf man den wirtschaftlichen Begriff nicht ohne weiteres mit dem juristischen identifizieren; abgesehen von dem in der Einleitung hierfür angegebenen

---

[1]) Die hier citierte Schrift ist dieselbe, auf welcher in national-ökonomischer Hinsicht im wesentlichen die Ausführungen Savignys beruhen. — In neuerer Zeit vertritt u. a. Gierke die Ansicht, daſs „ohne Unterscheidungen wie die von eigentlichem und uneigentlichem, von Geld im engeren und weiteren Sinne nicht auszukommen sei" Z. XXIX S. 250.

Grunde spricht schon dafür die ganze äußere Erscheinung, daß im ökonomischen Sinne Geld schon existieren konnte, ehe es irgend ein Rechtsbegriff war. Mit dem wirtschaftlichen Geldbegriff bezeichnet man bald hinwiederum die Zwischenware, „die in ihrer Substanz schon ein wirkliches Äquivalent für eine hingegebene Sache enthält, bald schlechtweg das Werkzeug, über dessen Gebrauch die Menschen übereingekommen sind, um den Austausch der einen Ware gegen die andere zu erleichtern, „das Öl", wie David Hume[1] sich ausdrückt, „welches die Bewegungen der volkswirtschaftlichen Maschine geschmeidiger und leichter macht." Auch dem juristischen Begriffe ist bald eine specielle, bald eine allgemeine Bedeutung beizulegen; im ersteren Falle spricht man von dem Gelde als dem „von einer bestimmten Rechtsordnung anerkannten eventuell letzten zwangsweisen Mittel der solutio von Obligationen"[2], dem sogenannten Währungsgelde, im letzteren Falle ist es alles das, was der Verkehr thatsächlich als Geld benutzt[3].

---

[1] „The oil, which renders the motion of the wheels more smooth and easy." l. c. S. 309.

[2] Hartmann, Begriff. S. 50.

[3] Ein paar Bemerkungen über die Begriffsentwicklung des Wortes „Geld" mögen hier Platz finden. Das deutsche und holländische Wort „Geld" ist Verbalsubstantiv von „Gelten" gleich Zahlen, eine Gegengabe leisten. Im Schwabenspiegel z. B. ist „Gelten" der gewöhnliche Ausdruck für zahlen, entrichten; vgl. I, 7; I, 65 u. s. w. Die von Ferdinand Wachter, Roscher u. a. vertretene Ansicht, daß „Geld" von dem heute noch geltenden Zeitworte „gelten" abstamme, „weil es überall gilt", wurde schon von Menger in dessen „Grundsätze der Volkswirtschaftslehre" 1871 S. 263 ff. als irrig zurückgewiesen. Ursprünglich bezeichnete man mit Geld (gotisch: gild = Steuer, Zins, Abgaben) nichts anderes als eine Vergeltung jeder Art. Dies änderte sich mit dem Eintritte in die Geldwirtschaft, „die ursprünglich naturalwirtschaftliche Bedeutung des Wortes ging in die neuere geldwirtschaftliche über" wie Menger sich ausdrückt. Fortan wurde mit „Geld" nur noch eine ganz bestimmte eigenartige Leistung bezeichnet. Es sei verwiesen auf den Aufsatz von F. Wachter in der allg. Encyclopädie der Wissenschaft und Künste. Leipzig 1818 ff. Teil 56 S. 372 ff. H.W.B. 2. Aufl. Bd. IV S. 66 Anm. 1. Knies, Geld. S. 107 Anm. 1.

II. Der volkswirtschaftliche Geldbegriff.

§ 4. a) Warengeld.

Der ursprüngliche, „fundamentale" Geldbegriff läfst sich
unmöglich loslösen von der Thatsache, dafs das Geld zunächst
nichts anderes vorstellte und vorstellen wollte als eine „Ware"
und es liegt m. E. durchaus kein Grund vor, trotz der vielfach vertretenen entgegengesetzten Meinung[1] dem Gelde in
den späteren Phasen seiner Entwicklung den Namen „Ware"
zu versagen, solange es eben ein Wert „an sich" ist, mag es
auch immerhin, wie dies Wolowski z. B. thut[2], eine Ware
sui generis genannt werden dürfen. Dafs der Verkehr den
Warencharakter kaum noch beachtet, thut nichts zur Sache,
so bemerkenswert diese Thatsache an und für sich, im besonderen auch für diese Untersuchung wie an anderer Stelle
näher darzulegen ist, sein mag.

Es gilt nunmehr zu prüfen, welche Funktionen diesem
„eigentlichen" „historischen" Geld — ich nenne es der Einfach-
heit halber kurzweg „Warengeld" — in der Volkswirtschaft
zufallen; wobei es schon von vornherein nicht zweifelhaft sein
kann, dafs ein etwaiges „Surrogat", welches geeignet ist, das
„Warengeld" in seinen Obliegenheiten voll und ganz zu vertreten, auch unzweifelhaft Anspruch auf den Namen „Geld"
erheben kann.

Dafs die Nationalökonomen keineswegs einig sind über
die Funktionen des Warengeldes, kann schon nach den in der
Einleitung gemachten Andeutungen nicht Wunder nehmen.
Während z. B. Knies[3] vier „Funktionsaufgaben des Geldgutes":

---

[1] Vgl. z. B. Hildebrand a. a. O. Kap. 1. Durchaus berechtigt,
ja notwendig ist die Unterscheidung zwischen Ware und Geld in der
Jurisprudenz. Dafs hier zwischen merx und pretium zwischen Kauf
und Tausch, Darlehen und Sachmiete u. s. w. scharf geschieden werden
mufs, ist so selbstverständlich, dafs kein weiteres Wort darüber verloren
zu werden braucht.

[2] „La monnaie constitue une marchandise sui generis d'un caractère
special." l. c. p. 4.

[3] Geld S. 105 ff.

Wertmesser-, Tauschmittel-, Zahlungsmittel-, Wertträgerfunktion
eingehend erörtern zu müssen glaubt, begnügen sich andere
mit Hervorhebung einer einzigen. So beschränkt sich Schäffle[1]
auf die Betonung des Dienstes, den das Geld als Wertmaſs
leistet; ebenso sieht Gärtner das „Hauptkriterium des Geldes
in seiner Verwendung zu einer ganz bestimmten Funktion";
diese ist für ihn aber nicht die Verwendung als Wertmaſs
sondern diejenige als Preismaſs[2].

Die herrschende Meinung hebt zwei Funktionen des Geldes
hervor, die Wert- (bezw. Preis-)Messerfunktion und die Tauschmittelfunktion, ohne aber ihrerseits über die Stellung dieser
beiden Funktionen zu einander einig zu sein: bald werden
sie einander koordiniert, bald wird die eine der andern sub-
ordiniert.

Auch Verfasser ist der Ansicht, daſs die sämtlichen wirtschaftlichen Funktionen des Geldes sich auf zwei Haupt-
funktionen zurückführen lassen, auf die des allgemeinen Wert-
maſses und diejenige des allgemeinen Tauschmittels. Ist eine
Ware gefunden, welche diese beiden Eigenschaften in sich ver-
einigt, so ist es selbstverständlich, daſs sie zugleich als Wert-
aufbewahrungsmittel, als Werttransporteur, als Zahlungsmittel
u. s. w. fungieren kann. Namentlich verwendet man Geld
als Wertträger und Wertbewahrer nur deshalb, weil es eben
Tauschmittel ist, sonst würden sich andere wirtschaftliche
Güter ebensogut oder noch besser zur Tesaurierung etc.
verwenden lassen. Keineswegs ist jedes Tauschmittel aber
auch schon eo ipso Wertmesser. Mir scheint im Gegenteil

---

[1] a. a. O. S. 221.

[2] Eingehend sucht Gärtner seine Ansicht zu begründen in T. Z.
Bd. XLIII S. 415 ff. Es kann natürlich hier nicht meine Aufgabe sein,
den Unterschied zwischen Preis und Wert eingehender zu erörtern, ich
würde dann gezwungen sein, eines der schwierigsten und umstrittensten
Probleme der Socialökonomik zu entrollen. Nach Wagner (Grundlegung S. 243 ff.) verhält sich der Tauschwert zum Preise, wie die
bloſse Möglichkeit für ein Gut ausgetauscht zu werden zur Wirklichkeit
des Ausgetauschtwerdens.

gerade die Wertmesserfunktion das Primäre zu sein[1] (vgl.
§ 2 der Arbeit); Marx meint nicht ohne Grund: „die erste
Funktion des Geldes besteht darin, der Warenwelt das Material
ihres Wertausdrucks zu liefern, oder die Warenwerte als
gleichnamige Gröfsen, qualitativ gleiche und quantitativ ver-
gleichbare darzustellen"[2]. Dafs Wertmesser- und Tauschmittelfunktion untrennbar miteinander verbunden sein müssen, wie
dies u. a. Knies behauptet, wird schon durch die Thatsache
widerlegt, dafs man z. B. in Dänemark, als der Ackerbau an
Stelle des bis dahin üblichen Nomadenlebens getreten war,
Getreide als Tauschmittel benutzte, während als Wertmesser
noch immer Vieh genommen wurde. Später diente eine Tonne
Gerste als Wertmesser, als Tauschmittel wurde dagegen schon
Metall verwendet[3].

Als Wertmesser ist das Geld Mafsstab des Tauschwertes,
d. h. des Wertes, welcher einem Gute wegen der Möglichkeit,
Gegenstand eines Tauschvertrages zu sein, beigelegt wird.
Als Mafs mufs das Geld die Qualität dessen, was gemessen
werden soll, besitzen, ebenso wie eine Flächenausdehnung sich
nur mit einer Fläche messen läfst, und ebenso wie der Mafsstab der Schwere selbst Gewicht sein mufs. In welchem Sinne
die Tauschmittelfunktion des Warengeldes verstanden sein will,
lehrt schon die Entwicklungsgeschichte des Geldes, insbesondere
zeigt diese, dafs hier nur dasjenige Tauschmittel gemeint sein
kann, welches als solches in den Verkehr tritt, um in ihm als
Mittel des Tausches zu bleiben, „ein Gut, dessen Wesen und
letzter Zweck darin liegt, Tauschakte zu vermitteln[4]." Man
hat die Aufgaben des Geldes ganz passend mit denen des

---

[1] Abweichend Kuntze a. a. O. S. 429 Anm. 3: „Die Messungsfunktion
ist genetisch aus der Vertretungsfunktion zu entwickeln." Conrad
a. a. O. S. 15: „Ein Gut, welches allgemeines Tauschmittel ist, wird
damit zugleich auch allgemeines Wertmafs;" ähnlich wie Conrad
Cosack, Lehrb. d. bürgerl. Rechts S. 134; vgl. auch Price a. a. O.
S. 17.

[2] Das Kapital, Hamburg 1890, Bd. I S. 59; ähnlich Savigny und
Hartmann.

[3] Vgl. Devas a. a. O. S. 224; Hartmann, Begriff S. 9.

[4] Hasner, Grünhuts Zeitschr. Bd. VII S. 2.

Händlers verglichen, die Aufgaben beider sind nur vermittelnde.
Im Grund genommen ist ja der „Kauf" nur die eine Hälfte
eines Tauschgeschäftes; wenn z. B. ein Schuster Schuhe „ver-
kauft" so ist der „Verkauf" erst dann vollständig, wenn er
mit dem erzielten Gelde nach eigener Wahl einen jener Vorteile erlangt, welche für ihn Beweggrund waren, Schuhmacher
zu werden; in diesem Sinne hat Hill also vollkommen Recht,
wenn er meint: „It is not with money that things are really
purchased[1]." Als allgemeine Zwischenware muß mithin das
Geld die Eigenschaft haben, daß für es jedes andere Gut zu
haben ist[2]. Und es erscheint somit in der That als ein „ganz
besonderes Gut, wie das Blut ein ganz besonderer Saft ist"
(Goldschmidt Zeitschr. XIX S. 325).

§ 5. b) Kreditgeld.

Wenn nun auch unzweifelhaft für das Geld seiner geschichtlichen Entwicklung entsprechend während des Über-
gangs der Naturalwirtschaft zur Geldwirtschaft und ebenso
auch in den ersten Anfängen der Geldwirtschaft seine Eigenschaft als „Ware", eines für sich bestehenden Wertes, durchaus wesenlich ist, so heißt es doch die Gegenwart mit der
Vergangenheit verwechseln, wenn man betont, daß dies heute
auch noch so sei. Je mehr sich der Verkehr an das Geld ge-
wöhnte, umsomehr trat sein innerer Gebrauchswert zurück,
man schätzte es seiner Tauschkraft wegen und beachtete gar
nicht oder wenig die eventuelle Möglichkeit, daß man das
Edelmetall zum Goldschmied tragen könne, um es etwa in
einen Schmuckgegenstand umzuwandeln, mit anderen Worten:
man betrachtete das Geld nicht mehr als Ware, sondern lediglich
als Tauschmittel, als „a sort of tickets or orders, which he

---

[1] Princ. Bd. III ch. VII.
[2] Schon Aristoteles sagt Nik. Ethik V, 8: „Für Geld muß man,
was man braucht, erhalten können." Man vgl. ferner die deutschen
Sprichwörter: Bares Geld ist lachender Kauf; bares Geld macht an-
genehmen Markt.

can present for payment at any shop he pleases"[1]. Die Folge
davon, daſs man das Geld in erster Linie nicht mehr um seiner
Substanz willen schätzte, war, daſs jetzt in einem körperlich
wertlosen Gegenstande z. B. einem Stücke Papier, der aber
Tauschkraft besaſs, keineswegs ein „Nichts", sondern ein
ebenso gutes Geld gesehen wurde, wie dasjenige vorstellte,
welches eine wertvolle körperliche Substanz umschloſs. Damit war zugleich der Weg gebahnt, der von der Geldwirtschaft
zur Kreditwirtschaft hinüberleitete; ein solcher Übergang er-
schien notwendig, weil in einer höheren wirtschaftlichen Entwicklung die Masse des vorhandenen Metallgeldes für die
auſserordentlich vermehrten Umsätze schlechterdings nicht
mehr ausreichte, und es würde in der That für die Mensch-
heit in mehr wie einer Hinsicht eine unerträgliche Fessel gewesen sein, wenn sie gezwungen gewesen wäre, nichts anderes
als Geld zu benutzen, wie dasjenige, was zufällig zuerst den
Namen Geld (im heutigen Sinne) bekommen hat. Aber es
gab glücklicherweise niemand, der dem Verkehr eine solche
Fessel anlegte oder anlegen konnte. Die Entwicklung des
Geldwesens hielt mit dem allgemeinen Aufschwunge gleichen
Schritt. Mit Notwendigkeit führten die eben skizzierten Ideen
dazu, daſs das Metallgeld ergänzt wurde durch ein „Kreditgeld" („monnaie fiduciaire" „coined credit"), d. h. durch ein
Tauschmittel, dessen Tauschkraft sich lediglich stützt auf ein
allgemeines Vertrauen, welches der Aussteller genieſst, daſs der
Wert, welchen das Kreditgeld bezeichnet, dem Inhaber auch
wirklich zu Gute kommen werde. Der fundamentale Unterschied, der zwischen dieser Art Geld und dem „Warengeld"
von Haus aus liegt, schwand so sehr aus dem allgemeinen
Bewuſstsein, daſs selbst die Wissenschaft begann ihn zu leugnen:
der bekannte Nationalökonom Dühring bringt das Geld
schlechtweg unter die Rubrik Kredit; Rösler[2] und andere

---

[1] Mill, Principles, book III ch. XII § 7. Ähnlich nennt Bois-
guillebert das Geld une garantie de la livraison future d'une denrée.
Dissertation sur la Nature des Richesses, cit. bei Macleod, Dict. S. 650.

[2] Vgl. Rösler, Wesen des Kredits und der Kreditnatur des Dar-
lehens Z. XII S. 358 ff.

folgen ihm hierin. Dies ist ohne Zweifel zu weit gegangen; daſs zwischen Waren- und Kreditgeld ein principieller Unterschied besteht, ergiebt sich schon aus dem Gesagten ganz von selbst. Auf das Wesen dieses Unterschieds hat bereits Nebenius in zutreffender Weise (a. a. O. S. 97) aufmerksam gemacht: „Da der Stoff des Papiergeldes (d. h. also der besonders charakteristischen Form des Kreditgeldes) keinen Gebrauchswert hat und die Kosten der Hervorbringung desselben für nichts zu achten sind, so entbehrt sein Tauschwert als Geld einen von willkürlichen Entschlüssen des Ausgebers unabhängigen Grund. Dieser Umstand läſst das Papiergeld nicht als ein gleich sicheres Hülfsmittel für Notfälle wie Edelmetall betrachten." Derselbe Gedanke schwebt Adam Smith (a. a. O. II. 2) vor, wenn er den Gebrauch des Papiergeldes mit dem Ersatz einer Landstraſse, welche nun mit Korn überbaut werden könne, durch einen Luftweg, welcher freilich weit weniger sicher sei, vergleicht[1]. Die Tauschkraft des Kreditgeldes und damit der demselben beigelegte Wert hängt ja thatsächlich, wenn es auch anders sein könnte, wie weiter unten zu zeigen ist, in letzter Linie ab von dem Kredit des Emittierenden, und daſs dieser weit eher und weit gröſseren Schwankungen ausgesetzt sein kann, als der Wert der Edelmetalle, dafür bietet die Geschichte Beispiele genug. Es sei nur erinnert an die berüchtigten Lawschen Zettel und an die französischen Assignaten. Der Kurs der letzteren hielt sich noch im März 1791 auf 90%, sank im gleichen Jahre auf 77%, fiel von da ab stetig, bis er endlich im März 1796 auf ca. $\frac{1}{8}$% stand; man suchte vergebens durch drakonische, überaus thörichte Zwangs- und Strafdekrete das allgemeine Miſstrauen zu bannen; die

---

[1] Dieser Vergleich scheint mir jedenfalls viel passender zu sein, als der von Bekker in seinem Aufsatze „Geldpapiere" (Jahrb. des gemeinen Rechts Bd. I S. 266) gezogene, das Papiergeld unterscheide sich vom Metallgeld nur so wie ein Acker, der X Mark lediglich aus natürlichen Früchten abwerfe, von einem solchen verschieden sei, der dieselbe Summe infolge von anhaftenden Zinsrechten einbringe.

„Assignatenpest" hörte vielmehr erst auf mit der völligen Entwertung der Zettel[1].

Der zwischen Warengeld und Kreditgeld bestehende
fundamentale Unterschied vermag aber an der Thatsache nichts
zu ändern, dafs in normalen Zeiten, wo die Tauschkraft des
Kreditgeldes unerschüttert ist, dieses ebensogut als Geld fungieren kann, wie das Warengeld. Freilich pflegt dieser Ansicht immer wieder als fable convenue die Behauptung entgegen-
gehalten zu werden, das „Kreditgeld" könne kein wirkliches
Geld sein, weil es nicht Wertmesser sein könne, da „quantitativ bestimmbare Objekte nur durch gleichgeartete Objekte
gemessen werden können." Ein Einwurf, der namentlich auch
für den Endzweck dieser Untersuchungen von nicht zu unter-
schätzender Bedeutung ist. Man könnte die fragliche Ansicht
— wie mir scheint — schon deshalb als unrichtig zurückweisen, weil principiell auch ein Stück gestempeltes Papier,
das in absolut gar keiner Beziehung zum Metallgelde stände,
genau die gleichen Dienste als Wertmesser leisten könnte, wie
Gold und Silber, sobald nur „die Übertragung des Wert-
bewufstseins auf jenes in vollkommenem Mafse stattgefunden
hat[2]. Cum grano salis verstanden, hat daher auch die so
vielfach angefochtene Behauptung Theodor Mommsens[3], wenn

---

[1] Vgl. die Schilderungen in Webers Weltgeschichte Bd. XIII
2. Aufl. besonders S. 954 ff.

[2] Vgl. Simmel, Zur Psychologie des Geldes, Schmollers Jahrb.
Bd. XIII S. 1251.

[3] a. a. O. S. VI. Eingehender begründet Mommson seine Ansicht in einem Vortrage, den er am 7. Februar 1863 in der Singakademie
zu Berlin hielt, und der sich im 22. Jahrgange der „Grenzboten"
X. Semester I. Bd. S. 381 abgedruckt findet. Es heifst da u. a.: „Wenn
heutzutage der Glaube, dafs ein Goldstück an jedem Orte ausgegeben
werden kann, noch allgemeiner verbreitet ist als der Glaube, dafs man
in jedem Orte eine englische oder preufsische Banknote nimmt, so sind
wir eben hierin noch im Lernen begriffen und teils noch nicht ganz
befreit von dem blinden Haschen des Wilden nach dem glänzenden
Spielwerk, teils des Glaubens an eine gesicherte, geordnete politische
Zukunft noch allzuwenig gewöhnt." (S. 381.) Vgl. auch Heitz a. a. O.
S. 110: „Das Geld ist nur das Spiegelbild und Kennzeichen des in den
Waren steckenden quantitativen Betrags;" ferner schon D. Hume l. c.:

alle Kulturvölker dahin gelangt seien, sich ausschliefslich des gleichen materiell wertlosen Geldzeichens zu bedienen, damit ein von den Wertschwankungen einer bestimmten Materie, wie der Edelmetalle, ganz losgelöster Wertmesser gegeben sei, ihre volle Richtigkeit.

Man darf doch nicht aufser acht lassen, dafs es einen absoluten objektiven Wert gar nicht geben kann, dafs „der Wert ebensowenig als eine objektive Eigenschaft an dem Gegenstande haftet, den der Wille der Menschen begehrt, wie an dem Sonnenschein das Wohlgefühl, das er in bestimmt organisierten Nerven hervorruft"[1]. Nun ist es aber eine Erfahrungsthatsache ersten Ranges, dafs es „in dem ganzen Gewebe des menschlichen Zweckhandelns kein Mittelglied giebt, an dem der psychologische Zug des Auswachsens des Mittels zum Zwecke so rein hervorträte wie gerade am Gelde"; nie ist ein Wert, den ein Gegenstand nur durch seine Umsatzbarkeit in andere, definitiv wertvolle, besitzt, so vollständig auch auf diese selbst übertragen worden[2]. Warum sollte es an und für sich nicht möglich sein, ein Papiergeld zum einzigen und eigentlichen Wertmesser zu machen?

Gerne will ich freilich zugeben, dafs eine Reihe von

„Money having merely a fictitious value arising from the agreement and convention of men; ähnlich Montesquieu l. c. XXII, 2: „La monnaie est un signe qui représente la valeur de toutes les marchandises." An einer anderen Stelle weist Montesquieu darauf hin, dafs es afrikanische Völkerschaften gebe, bei denen der Wert der Dinge in Makuten gemessen werde. Diese seien nur eine konventionelle Einheit zur leichteren Wertvergleichung der Dinge untereinander XXII, 8. — Die hier vertretene Ansicht wird besonders bekämpft von Knies, vgl. z. B. Geld S. 114; ferner von Wagner, Hartmann, Rochussen u. s. w. Jedenfalls aber ist der Gedanke des „reinen Zeichengeldes" m. E. viel weniger utopisch als die Idee des „Arbeitsgeldes" („Paper representative of the value of labour"), wie sie von Owen, Rodbertus vertreten wurde und die heute noch namentlich in Schäffle einen entschiedenen Verteidiger findet (vgl. des letzteren „Bau und Leben des socialen Körpers" Bd. II S. 330 ff.).

[1] Simmel a. a. O. S. 1256.
[2] Simmel a. a. O. S. 1253.

Gründen dafür spricht, dafs in unserer Wirtschaftsepoche das
Edelmetall in erster Linie zur Wertmessung zu berufen ist;
aber damit ist noch keineswegs gesagt, dafs das Kreditgeld diese
Funktion nicht auch ausüben könne, es ist ja sogar wohl
möglich, dafs der Urmafsstab auch des Warengeldes ganz
aufserhalb desselben liegt; Hasner weist in dieser Hinsicht z. B.
darauf hin, dafs bei den ältesten attischen Münzen, auf welchen
ein Tier geprägt war, der Tierwert, der Grundwert und das
Wertmafs des Edelmetalles nur ein abgeleitetes gewesen sei.
Sehr wohl kann der Mafsstab einer Geldart Mafsstab einer
anderen sein, ohne dafs deshalb diese letztere weniger als
Wertmesser zu gebrauchen wäre als die ursprüngliche. „Wie
der Meter nicht minder ein Quantitätsmesser ist, weil er selbst
an einem Meridian bestimmt ist, so hört auch ein Wertmafs
nicht auf, Wertmesser zu sein, weil es an einem anderen
Wertmafse gemessen ist[1].“

§ 6. c) Das Ergebnis der Untersuchungen über den wirtschaftlichen Geldbegriff.

Die Erörterungen über den wirtschaftlichen Geldbegriff
lassen sich kurz folgendermafsen zusammenfassen:

Zuerst war das Geld nichts anderes als eine besonders
beliebte, d i r e k t verbrauchbare Ware; nachdem es dann den
Charakter einer Zwischenware angenommen hatte, reiner
Tauschwert geworden war, „idealisierte“ es sich zum Mafs-
stabe der Waren; jetzt tritt neben das „Warengeld“ ein Geld,
das kein für sich bestehender Wert ist, dessen Tauschkraft
sich lediglich auf den Kredit stützt, das zwar, weil seine
körperliche Substanz wertlos ist, weit weniger Sicherheit bietet,
als das Warengeld, welches aber doch, solange seine Tauschkraft unerschüttert ist, sowohl allgemeiner Wertmesser wie
allgemeines Tauschmittel — nicht nur eines von beiden —
und daher Geld im wirtschaftlichen Sinne ist.

Es würde durchaus irrig sein, wollte man annehmen, dafs
der hier geschilderte Geldbildungsprozefs schon zu einem end-

---

[1] H a s n e r, Grünhuts Z. Bd. VII S. 8.

gültigen Abschluſs gelangt sei; er wird und muſs mit der
Fortentwicklung der Volkswirtschaft gleichen Schritt halten;
wie sich der weitere Entwicklungsgang vollzieht, mag dahin-
gestellt bleiben; freilich werden schon die bisherigen Erörterungen verraten, daſs Verfasser selbst nicht ganz ab-
geneigt ist, sich der Ansicht Lorenz v. Steins[1], der Geld-
bildungsprozeſs werde langsam, aber unwiderstehlich von dem
Naturzustande des Metallgeldes, dem „Bullionismus", zum reinen
Papiergeldwesen hinübergehen, anzuschlieſsen.

III. Der rechtliche Begriff des Geldes.

§ 7. a) Das Währungsgeld.

1. Im allgemeinen.

Bisher wurde der Begriff des Geldes lediglich als Gegenstand einer wirtschaftlichen Untersuchung in Betracht gezogen;
es wurde damit aber zugleich die notwendige reale Unterlage für die nun folgende Erörterung des Geldes im Rechtssinne, der Normen, „welche Gesetz und Recht, wenngleich im
Hinblick auf die Verkehrsthatsachen und mit Berücksichtigung
des Verkehrsbedürfnisses doch von dem Standpunkte und
Wege der Aufgabe der allgemeinen Rechtsordnung maſsgebend
für den Geldgebrauch aufstellen[2]." Es würde ja durchaus
ein Verkennen der Thatsachen sein, wenn man unser Geldwesen nur als eine rein wirtschaftliche Einrichtung betrachten
wollte; es ist gewiſs wahr, daſs es seine vollkommene Be-

---

[1] a. a. O. S. 120; vgl. S. 17 Anm. 3 d. Arbeit, u. Ricardo a. a. O.
S. 396: „Ein Umlaufsmittel ist in seinem vollkommensten Zustande,
wenn es ganz aus Papiergeld besteht ... Der Gebrauch von Papier
anstatt von Gold setzt an die Stelle des kostspieligsten Umlaufsmittels
das wohlfeilste und das Land in Stand, ohne Verlust für die Einzelnen
alles Gold, das es vorher hierzu verwandte, für Rohstoffe, Gerätschaften
und Nahrungsmittel umzutauschen, durch deren Gebrauch sein Vermögen
und seine Genüsse vermehrt werden."

[2] Knies a. a. O. S. 224.

deutung und Leistungsfähigkeit nur dem Eingreifen des Staates, dem Eingreifen der Rechtsordnung verdankt; aber auf der anderen Seite mufs man sich wohl hüten, die Tragweite des staatlichen Eingreifens zu überschätzen. Schon Aristoteles mufste davor warnen: ὁ τὲ δὲ πάλιν λῆρος εἶναι δοκεῖ το νόμισμα καὶ νόμος παντάπασι, φύσει δ᾽ οὐδέν (Politica, cap. III § 16 ed. Teubner S. 18). Namentlich im Mittelalter war die Meinung vorherrschend, dafs es ausschliefslich der Wille des Gesetzgebers sei, der den Wert des Geldes bestimme. Ein zu Peters des Grofsen Zeiten lebender russischer Schriftsteller, Iwan Possoschkow, kleidet diese Ansicht einmal in folgende Worte: „Wir verehren den Zaren wie Gott selbst und wir gehorchen in allem seinem Willen, wir sehen nicht auf das Gewicht unserer Münzen, sondern auf die Inschrift, welche sie tragen. Was wir schätzen ist nicht das Kupfer, aus dem sie gemacht sind, sondern der Name unseres Kaisers, der darauf geprägt ist." Ganz ähnliche Ideen sprechen aus den Worten, mit denen der König von Frankreich, Philipp von Valois, seine absolute Gewalt bezüglich des Geldwesens in einer Ordonnanz vom 16. Januar 1349 verkündete: „Niemand kann zweifeln, dafs uns ganz allein und im vollen Umfange in unserm König- reiche die Prägung, die Bestimmung des Feingehaltes der Münzen sowie jede andere Bestimmung bezüglich des Münz- wesens zusteht, sowie Münzen prägen zu lassen und ihnen solchen Kurs beizulegen wie es uns gefällt[1]."

Eine von diesen Auffassungen nicht gar so sehr ver- schiedene Ansicht wird auch in jüngerer Zeit noch vielfach vertreten, dafs es nämlich das Gesetz allein sei, welches das Geld schaffe (z. B. Ravit a. a. O. S. 9). Aber im grofsen und ganzen ist man doch darüber einig, dafs das Währungs- geld, wie man das Geld von „Staats- und Rechtswegen" kurz- weg zu nennen pflegt, zwar das Geld κατ᾽ ἐξοχήν im streng juristischen Sinne sei, aber man giebt doch andererseits zu, dafs auch dieses „Staatsgeld" nur dann und nur solange Geld ist, als es sich nicht in Widerspruch setzt mit den Bedürf-

---

[1] Vgl. Laveleye a. a. O. S. 26.

nissen und der Auffassung des Verkehrs, daſs gegen den un-
vernünftigen und formellen Staatswillen der wahre Wille der
Staatsgenossenschaft sich durchsetze und sogar durch ein
wahres derogatorisches Gewohnheitsrecht der Zwangskurs der
Währung in einen freien wechselnden Kurs übergehe, damit
aber die Währung selber als solche beseitigt werden könne[1].

Indem der Staat ein Geld zur Währung macht, spricht
er im wesentlichen nur ein Doppeltes aus:

1. er bestimmt das q u a l e des Geldes, d. h. er wählt den
   G e g e n s t a n d, der den Stoff für die Münzen, besser
   gesagt für das Währungsgeld, hergeben soll,

2. er bestimmt, welches Q u a n t u m als Einheit für die
   Preisfeststellung dienen soll; wie Goldschmidt es ausdrückt: „Unter den zahlreichen möglichen Gewichts-
   einheiten der Währung werden eine oder mehrere ausschlieſslich als das gesetzliche Wertmaſs und gesetzliche
   Zahlungsmittel bestimmt[2]."

Diese wenigen Sätze mögen vorläufig zur Erläuterung des
dem Währungsgelde eigentümlichen Wesens genügen. Ehe
ich mich zur Besprechung der rechtlich relevanten Funktionen
wende, möchte ich noch kurz die sich aufdrängende Frage
berühren: Welches ist die Bedeutung des Währungsgeldes?
War es überhaupt notwendig, ein solches neben dem ökonomischen Gelde zu schaffen?

Bevor es ein „Währungsgeld" gab, muſsten durch die
Parteien die Quantitäten gemessen werden; schon das war
eine lästige, zeitraubende Arbeit[3]. Aber noch schwieriger als
die Bestimmung des Quantums war die Bestimmung der
Qualität der Münzen. Selbst heute ist es trotz aller Fortschritte der modernen Technik für den Nichtfachmann keine
leichte Sache, den bestimmten Grad von Reinheit eines Metalles
festzustellen. So war es ganz natürlich, daſs man dazu gedrängt wurde, nach einer Methode zu suchen, welche die

---

[1] Goldschmidt, Handbuch S. 1137 ff.
[2] Daselbst S. 1123.
[3] Vgl. Genesis c. XXIII, 16; A r i s t o t., Pol. lib. I, c. 9; P l i n i u s,
Nat. lib. XXXIII, c. 3.

stetige Anwendung des Schmelztiegels und des Probiersteins einerseits und der Wage andererseits überflüssig machte, welche Gewicht und Feinheit des als Tauschmittel dienenden Metalls sofort äufserlich erkennen liefs. Dies konnte nur dadurch geschehen, dafs jedes als Geld benutzte Metallstück mit einem öffentlichen Stempel, der Gewicht und Feinheit desselben bezeichnete, versehen wurde — aber es war nicht allein das Interesse, das der Verkehr an einem stabilen Wertmafs hat, welches dazu führte, dafs dem Staate unter dem Titel der „Münzhoheit" das Recht übertragen wurde „Geld" herzustellen. Es gab noch mancherlei andere Anlässe, welche die Staatsgewalt nötigten, den Geldgebrauch offiziell zu regulieren. Greifen wir nur irgend einen Gesetzesparagraphen, der über Geldnehmen und Geldgeben Bestimmungen trifft, heraus: Nach § 847 B.G.B. kann im Falle der Verletzung des Körpers u. s. w. der Verletzte auch wegen des Schadens, der nicht Vermögensschaden ist, eine billige Entschädigung in Geld verlangen. Was hat der Richter in diesem und in zahlreichen anderen Fällen als „Geld" anzuerkennen? Die Frage scheint vielleicht auf den ersten Blick subtil, ihre Antwort selbstverständlich zu sein. Aber bei genauerem Nachdenken wird man sich sagen müssen, dafs es kein Gut giebt, das so ohne weiteres als „das Geld" bezeichnet werden darf; fast jeden Augenblick würden sich Schwierigkeiten der verschiedensten Art ergeben, wenn nicht durch Rechtssatz seitens des Staates ein gewisses Geld als „Währungsgeld" bestimmt wäre. Man denke nur an die Konsequenzen, die es nach sich ziehen würde, wenn sämtliche Geldschulden den Charakter einer certa obligatio verlieren würden: „es ginge ein klaffender Rifs durch den ganzen Verkehr; es erfolgten die sinnwidrigsten Störungen aller Schuldverhältnisse, wenn auf einmal jenes certum, jene feste Fixierung ganz aufhören sollte und wenn damit dem Verkehre die Aufgabe gestellt würde, in unendlichen Mühen jene unentbehrliche feste Grundlage zu gewinnen [1]."

---

[1] Hartmann, Internationale Geldschulden, Archiv für civil. Praxis Bd. LXV S. 175; vgl. auch H.W.B. II. Aufl., Art. „Geld" Bd. IV S. 87.

2. Die Funktionen des Währungsgeldes.

Es dürfte nicht uninteressant und für unsere Aufgabe nicht unwichtig sein, nachdem wir in anderem Zusammenhange die Funktionen des wirtschaftlichen Geldes kennen gelernt haben, nunmehr auch die rechtlich bedeutsamen Funktionen des Währungsgeldes einer Prüfung zu unterwerfen.

Beginnen möchte ich auch hier wieder mit einem kurzen Hinweis auf die hauptsächlichen diesbezüglichen Kontroversen. Einen ziemlich vereinsamten Standpunkt nimmt Hartmann[1] ein: er will als rechtlich relevante Funktion nur die des gesetzlichen Zahlungsmittels gelten lassen, besonders wendet er sich gegen die, vor dem Erscheinen seiner Schrift „Über den rechtlichen Begriff des Geldes" namentlich von Ravit vertretene Anschauung, auch die Wertmesserfunktion des Geldes sei juristisch bedeutsam; die Höhe des Geldes lasse sich nicht, meint Hartmann, durch Rechtssätze fixieren, die Staatsgewalt sei nicht in der Lage, den allgemeinen Tauschwert eines Verkehrsgutes zu fixieren. Hartmanns Behauptungen wurden namentlich von Knies[2], Goldschmidt[3], Karlowa[4] lebhaft bekämpft. Während seine Ansicht an einem „zu wenig" leidet, enthalten die hier in Frage kommenden Auseinandersetzungen Knies' entschieden ein „zu viel"; nicht nur, daß er der Funktion des Geldes als gesetzliches Wertmaß eine solche des gesetzlichen Preismaßstabes zur Seite stellt, er glaubt auch noch eingehend über das Geld in seiner Funktion als „offizieller Weltbewahrer" sprechen zu müssen. Daß ihm die Eigenschaft des Währungsgeldes als „allgemeines Zahlungsmittel" bekannt ist, versteht sich von selbst. — Gewiß ist es das Naturgemäße, daß die Funktionen des wirtschaftlichen Geldes sich auch wiederfinden bei dem Gelde im Rechtssinne; eine Inkongruenz würde etwas höchst Auffallendes und Ungesundes

---

[1] Soweit ich die Litteratur überschaue, schließt sich ihm nur Örtmann a. a. O. S. 93 an, und auch dieser keineswegs bedingungslos.
[2] „Geld" S. 223 ff.
[3] Handbuch S. 1069 u. Zeitschr. Bd. XIII S. 367 ff.
[4] Kritische Viertelj. Schrift Bd. XI 526 ff.

sein. Aber dabei bleibt doch wohl zu beachten, daſs die
wirtschaftlichen Funktionen doch immerhin nur facta, Begriffe, die durch das Leben und den Verkehr gegeben sind,
vorstellen, welche aber noch der Sanktionierung von seiten
der Rechtsordnung bedürfen, um Rechtsbegriffe zu werden.
Insoweit nähere ich mich allerdings der von Hartmann ver-
fochtenen Meinung, als ich der Ansicht bin, daſs „Tauschmittel" und „Wertmaſs" vorwiegend volkswirtschaftliche
Begriffe sind, während die Eigenschaft des Geldes, allgemeines
Zahlmittel zu sein — ich möchte sie geradezu „Tauschmittelfunktion höherer Ordnung" nennen — erst bei dem Währungsgelde voll und ganz zur Geltung kommt.

Die Funktion des Geldes als allgemeines gesetzliches
Zahlungsmittel (legal tender) — nur diese bedarf hier noch
einer etwas näheren Erläuterung — setzt in der Regel Zwangskurs voraus. Man wird wohl nicht umhin können, zwischen
einem normalen und anormalen Zwangskurs zu unterscheiden,
und zwar wird ersterer dann vorliegen, wenn ein Geld im
wirtschaftlichen Sinne zum Gelde von Staats- und Rechtswegen erhoben wird, während letzterer dann vorhanden, ist,
wenn die Annahme von Zahlungen in einem „Gelde" er-
zwungen wird, welches Geld im ökonomischen Sinne nicht ist,
und das infolgedessen freiwillig überhaupt nicht angenommen
würde [1].

Es braucht kein weiteres Wort verloren zu werden über
die groſse Bedeutung des Rechtssatzes, kraft dessen der Staat
dekretiert, daſs dies oder jenes allgemeines Zahlungsmittel sei,
Zwangskurs haben solle. Man geht nicht zu weit, wenn man
mit Rücksicht darauf, daſs durch den Zwangskurs die rechtliche Möglichkeit garantiert wird, alle eingegangenen Ver-
bindlichkeiten mit Geld sozusagen abzukaufen, jenen Rechtssatz „die magna carta der persönlichen Freiheit im Gebiete

---

[1] Über den Begriff des Zwangskurses und die sich daran an-
knüpfenden Kontroversen vgl. besonders K u n t z e a. a. O. S. 431—435;
H a s n e r a. a. O.; G o l d s c h m i d t bes. Handbuch S. 1119; K n i e s, Geld
S. 257—313 passim; H a r t m a n n, Begriff, besonders S. 13.

des Privatrechts" nennt[1]. Das grofse Recht, welches hierdurch dem Staate eingeräumt wird, verbindet sich zugleich aber
auch mit einer verantwortungsvollen Pflicht, deren Quintessenz
in dem Gedanken gipfelt, dafs die Regierungsgewalt ihrer
Aufgabe, für ein stabiles Wertmafs und Tauschmittel Sorge
zu tragen nur gerecht wird, wenn sie das Staatsgeldwesen auf
ein möglichst sicheres Fundament gründet; infolgedessen wäre
es das einzig Rationelle, wenn der Staat, da der Gedanke an
ein „reines Zeichengeld" vorläufig ja nur ein Zukunftstraum
sein kann, nur das gegenwärtig Beste, das Edelmetallgeld mit
der Machtfülle ausstattete, die unter dem Namen „Währung"
zusammengefafst wird. Immerhin ist aber auch eine Kreditgeld-
währung, namentlich eine Papierwährung keineswegs etwas
Seltenes; über ihr Wesen und ihre Bedeutung soll der folgende
Paragraph einigen Aufschlufs geben[2].

3. Das Papierwährungsgeld insbesondere.

Dafs ein wertloses oder fast wertloses Substrat Währungsfunktion ausüben kann, war schon im Altertum vielfach bekannt und verwertet. August Böckh erzählt, dafs die Klazo-
menier, als sie ihren Miettruppen zwanzig Talente Sold schuldig
waren, die sie nicht bezahlen konnten, für zwanzig Talente
eisernes Gold schlugen, welchem sie willkürlich Silberwert
beilegten; da im Staat diese eiserne Münze denselben Dienst
leistete wie früher die silberne, so konnte das Silber für den
auswärtigen Verkehr benutzt werden; insofern war den Klazo-
meniern das Eisen, meint Böckh[1], was heutzutage Papiergeld

---

[1] Hartmann, Begriff S. 48.
[2] Roscher macht in dem Vorworte zu Dankwardt a. a. O. S. VI
darauf aufmerksam, wie sich gerade beim „Zwangskurse" die Verschiedenheit der juristischen und nationalökonomischen Auffassung zeige;
während bei jener die Thatsache im Vordergrund stehe, dafs infolge
des Zwangskurses für den Augenblick jeder Streit über Annahme oder
Nichtannahme beendigt sei, sei dieser „das bleibende und allgemeine
Bedürfnis der Cirkulation" Hauptsache, ein Zwangskurs, der als solcher
geltend gemacht werden müsse, erschiene ihr als eine Krankheit des
Papiergeldes.

ist[1]. — Wie hier, so finden wir auch in allen späteren Zeitabschnitten eine „Papierwährung", namentlich eine vollkommen durchgeführte, nur als Folge einer aufserordentlichen Finanznot.

Von einer vollkommenen oder echten Papierwährung möchte ich nur dann sprechen, wenn das Papiergeld nicht nur einen Zwangskurs hat, sondern auch uneinlösbar ist[2], d. h. der Aussteller ist durch die Gesetzgebung von der Verpflichtung der baren Einlösung befreit. Gerade diese Form des Papiergeldes ist aber etwas durchaus Ordnungswidriges, es ist unstreitig die bedenklichste Form der Geldbeschaffung für einen Staat[3]. Ist freilich der Kredit ein sehr grofser, die Tauschkraft des zur Währung erhobenen Kreditgeldes infolgedessen eine festbegründete, so kann trotz des durch die Erklärung der Uneinlösbarkeit wachgerufenen Mifstrauens der günstige Fall eintreten, dafs die Wertdifferenz zwischen Papier- und Metallgeld eine verschwindend kleine ist, wie z. B. in Frankreich während des letzten Krieges und unmittelbar darnach[4]. Jedoch scheinen die Erfahrungen, welche man noch in neuester Zeit an der Papierwährung von Österreich, Rufsland, der vereinigten Staaten machte, zu lehren, dafs dies nur ein seltener Ausnahmefall ist, dafs in der Regel vielmehr die schlimmsten volkswirtschaftlichen und finanziellen Wirkungen als unmittelbare Folgen des uneinlösbaren Papiergeldes zu beobachten sind: es ist im stande, in kurzer Zeit eine grofse Menge von Metallgeld aus dem Lande zu treiben (sogen. „Gresham'sche Satz") und damit verbindet sich Zerrüttung des Geldwesens, Entwertung und Schwankung der Valuta, Steigerung aller Preise ...

---

[1] Böckh, Die Staatshaushaltung der Athener, II. Ausgabe 1851, I S. 768.

[2] Ähnlich Wagner, besonders Staatspapiergeld S. 18; Schäffle, Gesellschaftliches System S. 150; Cohn, System Bd. II S. 792; abweichend: Knies, Geld S. 267; Hartmann, Begriff S. 56.

[3] Es sei erinnert an ein Wort Napoleons I, das er aussprach, als die Bank von Frankreich im Jahre 1805 das Gesuch an ihn richtete, ihren Noten Zwangskurs beizulegen: „Payez ou fermez boutique; je ne veux pas de papier-monnaie", cit. bei Rochussen l. c. S. 99.

[4] Vgl. Cohn, System Bd. II S. 795.

Weit weniger bedenklich ist die „unvollkommene Papierwährung", bei welcher das Papiergeld zwar auch Zwangskurs
hat, aber gleichzeitig gegen Metallgeld einlösbar ist, was ja
schliefslich nichts anderes bedeutet als dafs „in dem ent-
scheidenden Falle, dem Aussteller gegenüber kein Zwangskurs
besteht" [1].

Vielfach hat die Theorie versucht eine „tiefergehende Begründung" des Papiergeldes mit anormalem Zwangskurse zu
geben. Kuntze [2] glaubt, des letzteren Geldqualität gründe sich
auf eine „publizistische Fiktion der Wertimmanenz"; durch
welche der Mangel der unmittelbaren national-ökonomischen
reellen Unterlage ersetzt werde. Mit vollem Recht wendet sich
hiergegen Hartmann [3]; er meint seinerseits, der eine Rechtssatz: „Stücke von gewisser Materie und Form sollen mit der
eigentlichen zwingenden Zahlkraft" versehen werden, genüge
zur Begründung. Verfasser glaubt, dafs dieser eine Rechtssatz
zwar auch nicht genügt, aber genügen mufs, weil eben ano-
male und willkürliche Rechtssätze sich logisch nicht begründen lassen" [4] [5].

---

[1] Wagner, Staatspapiergeld S. 15.
[2] Inhaberpapiere S. 435.
[3] Begriff S. 59.
[4] Goldschmidt, Z. Bd. XIX S. 326 (in Besprechung von Knies,
Geld und Kredit).
[5] Es sei hier anhangsweise mit einigen Worten auf die Geschichte
des preufsischen Papiergeldes hingewiesen; bis zum Jahre 1806 blieb
ein Staatspapiergeld in Preufsen überhaupt unbekannt.? Erst durch die
Verordnung vom 4. Februar 1806 (Ed. Samml. Bd. XII S. 39) wurde unter
dem Namen Tresorscheine ein einlösbares Papierwährungsgeld geschaffen.
Die Mifsgeschicke des Jahres 1806 setzten die Finanzverwaltung aufser
stande, das gegebene Versprechen der stets prompten Realisierung der
Tresorscheine zu erfüllen. Und schon 8 Monate nach der Emission
sank das Papiergeld auf $1/4$ seines Nennwertes herab und hob sich lange
Zeit nicht über die Hälfte des Nominalbetrages. Nach mehrfachem
Wechsel der Gesetzgebung wurde durch eine Verordnung vom 5. März
1813 Ges.S. S. 23 der Zwangskurs der Tresorscheine ausdrücklich auf-
gehoben. Hierbei blieb es. Vgl. darüber: Bergius T. Z. 1870 S. 225;
Gruchot a. a. O. S. 78; Keyfsner, Hinschius Z. II S. 101 ff.

§ 8: b) Verkehrsgeld.

Gewiſs wird niemand widersprechen, wenn behauptet wird, daſs in Verhältnissen des entwickelten Verkehrs Geld im vollsten Sinne nur ein Verkehrsgut sein kann, welches Währung ist. Aber man geht doch wohl zu weit, wenn man meint, daſs die Rechtsordnung, weil sie irgend eine Sache zu einer höheren Stufe des Geldes emporgehoben hat, gleichzeitig die Geldqualität alles dessen, was der Verkehr als allgemeines Tauschmittel und allgemeinen Wertmesser betrachtet, ignorieren müsse. Das Währungsgeld ist ja doch nur entstanden — von der verhältnismäſsig seltenen Erscheinung des anormalen Zwangskurses sehe ich hier ab — um den Bedürfnissen des Verkehrs zu dienen; gerade das Gegenteil würde aber der Fall sein, wenn man es allein als Geld im Rechtssinne betrachten und damit einen unerträglichen Widerspruch zwischen der Verkehrsauffassung und der Rechtsordnung konstruieren wollte. Ganz unzweifelhaft hat meiner Ansicht nach Otto Gierke vollkommen Recht, wenn er ausführt, daſs derjenige, welcher etwa den Begriff des Geldes auf die Landesmünze in Währungsmetall einschränken wollte, sowohl mit dem Sprachgebrauche der Gesetze, wie mit den Anschauungen und Bedürfnissen des Verkehrslebens in Konflikt komme [1].

Schon die römischen Quellen kennen auſser dem engeren Begriff der pecunia, d. h. der seitens der öffentlichen Gewalt als Geld anerkannten „materia" (Paulus l. 1. D. XVIII 1) einen weiteren Begriff cf. Paulus l. 5. D. L. 16; Celsus l. 97 D L 16; Ulpian l 178 D. L 16; letzterer sagt:

„pecuniae verbum non solum numeratam pecuniam complectitur, verum omnem omnino pecuniam, hoc est omnia corpora: nam corpora quoque pecuniae apellatione contineri nemo est qui ambiget" [2].

---

[1] Vgl. Z. Bd. XXIX S. 250.

[2] Die Bedeutung des Unterschiedes ist kontrovers. Am wahrscheinlichsten scheint mir die Ansicht Endemanns zu sein: Kanonistische Wirtschaftslehre, Hildebrands Jahrb. Bd. I S. 73. Vgl. aber auch Knies, Geld S. 256; Örtmann a. a. O. S. 88; Hartmann,

Dafür, daſs auch in unseren modernen Gesetzbüchern der Begriff „Geld" keineswegs so eindeutig ist, wie man vielfach annimmt, wird der dritte Abschnitt der vorliegenden Arbeit noch Beispiele genug bringen; ich begnüge mich hier mit der Hervorhebung eines einzigen: ein wesentliches Erfordernis jedes Wechsels ist die Angabe einer zu zahlenden Geldsumme (Art. 4 2, Art. 96 2 W.O.). Die internationale Bedeutung des Wechsels bringt es aber mit sich, daſs darunter nicht etwa bloſs eine Münzsorte verstanden werden kann, welche Zwangskurs am Zahlungsorte hat. Ausdrücklich bestimmt auch Art. 37 W.O., daſs eine fremde Münzsorte durch den Parteiwillen zum notwendigen Zahlungsmittel erhoben, also „Geld" im Sinne des Gesetzes werden kann.

Kurz, man kann nicht den Begriff des „Geldes" im juristischen Sinne auf das gesetzliche Zahlungsmittel, das Währungsgeld beschränken, wie dies auch die Gesetzgebung keineswegs thut. Neben den speciellen Begriff des Geldes im Rechtssinn ist ein allgemeiner zu stellen, den man im Gegensatz zum Währungsgeld Verkehrsgeld (usuelles Geld) nennen könnte, und der dahin zu definieren sein würde, daſs es alles das ist, was durch unsere Verkehrsordnung thatsächlich in der ordentlichen Bestimmung anerkannt ist, als allgemeines Tauschmittel und allgemeiner Wertmesser zu fungieren [1].

Begriff S. 17. 19. Der Sinn der oben citierten Stelle war für Savigny so rätselhaft, daſs er schlieſslich zu dem Schlusse kam, die Römer hätten überhaupt noch keinen Einblick in das Wesen des Geldes gehabt. (Gerade das Gegenteil ist der Fall, wie heute allgemein zugestanden wird.) „Das, was wir finden", sagt Savigny wörtlich, „bleibt noch hinter der geringen Erwartung zurück, indem es eigentlich gar nichts ist." Obligationenrecht S. 469.

[1] Ganz richtig bemerkt H. Dernburg, Bürgerl. Recht Bd. II S. 32: „Auch neben einer gesunden staatlichen Währung behält oft Verkehrsgeld Bedeutung. Denn die staatliche Regelung deckt sich keineswegs stets mit den vielgestaltigen Verhältnissen und Bedürfnissen des Lebens."

§ 9. c) Verhältnis der beiden Begriffe zu einander.

Hartmann hat versucht (Begriff S. 66), den allgemeinen
und den speciellen rechtlichen Begriff des Geldes unter einen
„faktischen Grundbegriff" zu bringen, indem er beide zusammen-
faſst als „eine Sache, die ϰατ᾽ ἐξοχήν gilt d. h. abstrakten
Vermögenswert darstellt und vertritt — sei dies nun nur kraft
freier Gemeinüberzeugung oder nur kraft Gesetzes oder in
Übereinstimmurg beider". Zutreffend bemerkt dazu aber
Goldschmidt, daſs es sich hier keineswegs um einen gemeinsamen Grundbegriff handle, sondern nur um einen die Ele-
mente der Specialbegriffe in sich vereinigenden Begriff, „keine
Wurzel sondern eine bloſse Addition" [1]. Ebensowenig kann
man „Verkehrsgeld" — was ja vernünftige Überlegung nahe
legt — als den allgemeinen Begriff, „Währungsgeld" als den
diesem untergeordneten engeren Begriff bezeichnen. Es läſst
sich sehr wohl ein Währungsgeld denken, welches kein
Verkehrsgeld ist: fast regelmäſsig wird das auf Grund ano-
malen Zwangskurses eingeführte Papiergeld im günstigsten
Falle erhebliche Zeit gebrauchen, um das zu werden, was wir
als Verkehrsgeld bezeichnen. „Wenn die Rechtsordnung . . . .
gegen die gesunde ratio verstoſsen haben sollte, so läſst sich
allerdings eine Zeit des Kampfes denken zwischen der freien
Verkehrsmacht und dem Staatswillen, bis entweder jene Freiheit besiegt oder der Rechtssatz durch Gesetz oder Gewohnheitsrecht wieder ausgestoſsen ist" [2].

Alle Versuche, für die beiden Arten des Geldes im Rechtssinne einen gemeinsamen Grundbegriff zu finden, werden stets
scheitern müssen, weil eben unter den Begriff des Währungsgeldes auch ganz anormale Erscheinungen fallen. Der praktisch
bedeutsamste Unterschied zwischen Währungs- und Verkehrsgeld liegt darin, daſs der Gläubiger, weil ihm natürlich
niemand verwehren kann, daſs er im „besten Gelde" verlangt,
durch Zurückweisung des Verkehrsgeldes nicht in Verzug

---

[1] Vgl. Z. Bd. XIII S. 369.
[2] Hartmann, Begriff S. 66.

kommt¹. Erfolgt jedoch Zahlung mit Verkehrsgeld, so ist
dies ebenfalls wahre solutio, nicht Leistung an Erfüllungs-
statt².

---

¹ Wenn nicht etwa ein Gewohnheitsrecht die Zurückweisung als
mora accipiendi qualifiziert. In früheren Jahrhunderten ist ein solches
Gewohnheitsrecht in sehr ausgedehnter Weise herrschend gewesen.
Vgl. Hartmann, Begriff S. 63.

² Anderer Ansicht ist z. B. Goldschmidt, Handbuch S. 1125.
Vgl. die unten folgenden Ausführungen über die Banknote als Tilgungsmittel von Obligationen.

Zweiter Abschnitt.
Die Banknote.

Reichsbanknote.

Einhundert Mark

zahlt die Reichsbankhauptkasse dem Einlieferer dieser Banknote.

Berlin, den 1. März 1900.

Reichsbankdirektorium.
(Unterschrift.)

Das ist im wesentlichen die Aufschrift eines Blattes Papier,
welches man als Banknote bezeichnet. Seiner äufseren Form
nach nichts anderes als eine Anweisung einer Bank auf sich
selbst, zahlbar auf Sicht an den Überbringer. Es fragt sich,
ob ein solcher Schein nach den Ausführungen des ersten Abschnittes eine Art Geld genannt, ob er insbesondere, da er
natürlich kein „Warengeld" sein kann, als Papiergeld betrachtet
werden darf.

Es wird sich empfehlen, vorab das Wesen der Banknote
auf Grund ihrer geschichtlichen Entwicklung, ihrer wirtschaftlichen Bedeutung und der Stellung, die der Staat zur
Banknote einnimmt, klar zu stellen; ein kurzer Überblick
der deutschen Banknotengesetzgebung soll das gewonnene Bild
vervollständigen.

§ 10. Geschichtliche Entwicklung.

Goldschmidt sagt einmal, daſs die anscheinend originellsten Gesetze, gleich den „patentierten Erfindungen" nur sehr ausnahmsweise völlig neue Entdeckungen, sondern weitaus in der Regel Verbesserungen, zweckmäſsigere Anwendungen, eigentümliche Zusammenstellungen längst bekannter Rechtseinrichtungen sind[1]. Wir fanden diesen Gedanken bereits bei Besprechung des Papierwährungsgeldes bestätigt, und dasselbe gilt auch mutatis mutandis für die Banknote: Schon die babylonischen Banken, deren bereits im 6. Jahrhundert v. Chr., wie geschichtlich nachgewiesen ist, existierten, kannten unter dem Namen „hudu" Bankbillets, welche an den Vorweisenden. zur Auszahlung gelangten und insofern den Wert baren Geldes repräsentierten[2]. Der eigentliche Ursprung der modernen Banknote ist allerdings jüngeren Datums, da er in den Depositenbanken zu suchen ist, welche zwischen dem 12. und 15. Jahrhundert in Italien, dann auch in den übrigen Ländern errichtet wurden. Zu jener Zeit bestand nämlich allenthalben eine ganz auſserordentliche Verschiedenheit des Münzwesens, welche aus der Zersplitterung der Landesherrschaft und der Gewährung des Münzrechts an eine Menge von Gewalthabern hervorging; durch Veränderungen und Verschlechterungen vieler Münzsorten wurde der Edelmetallgehalt in das schlimmste Schwanken gebracht, auch durch absichtliche Beschädigung und durch Abnutzung waren die Münzen oft bis unter ihren Nominalwert gesunken[3]. Wenn ein Kaufmann Geld empfing,

---

[1] Erwerbs- und Wirtschaftsgenossenschaften. Stuttgart 1882. S. 9.

[2] cf. Revillout, Les obligations en droit Egyptien. Paris 1886. p. 374. sq. cit. in H.W.B. 2. Aufl. Bd. II S. 167. Vgl. ferner die Ausführungen von H. Schurtz über die Entstehung des Zeichengeldes a. a. O. S. 30 ff.

[3] Vgl. Endemann, Studien I, S. 197. In Deutschland funktionierten am Ende der Hohenstaufenzeit in dem deutschen Gebiete des Reichs gegen 100 Münzstätten; der Denar, die einzige Münze, welche geprägt wurde, schwankte im Gewichte zwischen 1,4 und 0,36 g, im Feingehalt zwischen 975 und 415 Tausend Teile Silbers. „Jede Münzstätte beherrschte mit ihren Denaren nur ein kleines Umlaufsgebiet,

so hatte er jede Münze einzeln zu wägen und ihren Feingehalt zu prüfen, woraus ihm natürlich viel Mühe und Zeitverlust erwuchs, ohne daſs er trotz aller Vorsicht vor Verlust sicher war. Es entstand daher[1] der Gebrauch, das Geld einer Bank zu übergeben, wo sein Wert ein für allemal genau abgeschätzt und dem Depositar nach seinem wirklichen Metallwerte gutgeschrieben wurde. An Stelle des hinterlegten Geldes erhielt der Hinterleger einen Schein, in welchem der Bankier versprach, die hinterlegte Summe gegen Rücklieferung des Scheines dem Deponenten oder dessen Beauftragten, später auch dem Inhaber (a chi portera il presente) auszuhändigen. Hierdurch entstand das sogenannte Bankgeld im Gegensatz zu der cirkulierenden Münze, der Kurantmünze; besonders bekannt ist die Hamburger Mark Banko, welche gar keiner wirklichen Münze entsprach, sondern welche ein bestimmtes Gewicht in Silber war. Erst 1873 wurde diese Bankvaluta abgeschafft und die Reichswährung eingeführt[2].

Immer länger blieben schlieſslich die Depositenscheine im Verkehre, immer seltener wurden sie dem Aussteller zur Einlösung präsentiert. Man merkte bald, daſs eigentlich nur ein verhältnismäſsig kleiner Kassenbestand notwendig war, um die Auszahlungen zu vollziehen; der ganze übrige deponierte Betrag lag als toter Schatz in den Geldschränken der Banken. Diese sahen deshalb, daſs sie ohne Risiko die deponierten Kapitalien durch Darlehen fruchtbringend für sich machen konnten; bei den Abschlüssen von aktiven Geschäften gaben sie nun aber kein bares Geld, sondern gewissermaſsen „Depositenscheine ohne Depots", die auf den Inhaber und meist auf runde

---

fortwährende Umwechselung und Umrechnung aller Geldbeträge machten den specifisch-volkswirtschaftlichen Nutzen des Geldgebrauches fast illusorisch." Vgl. Inama-Sternegg, Die Goldwährung im Deutschen Reiche während des Mittelalters. Zeitschr. f. Social- und Wirtschaftsgeschichte Bd. III S. 3.

[1] Nicht etwa bloſs deshalb, weil es „unbequem wäre, eiue groſse Menge Metallgeld sicher im eigenen Hause aufzubewahren" wie Drews a. a. O. S. 21 meint.

[2] Wagner, Zettelbankpolitik S. 691.

Summen ausgestellt waren. Diese Zettel hießen in England, wo sie zuerst aufkamen „Goldsmith's notes" (die Bankgeschäfte lagen in England aus Gründen, die nicht hierher gehören, in den Händen der Goldschmiede), in Italien „cedulae bancariae" und in Deutschland „Bankzettel". Mit der Zeit lösten sich diese Bankzettel von der Form der Depositenscheine ganz los und enthielten nur noch ein einfaches Zahlungsversprechen an den Überbringer: sie enthalten nunmehr nicht wie die alten Depositenscheine die Verpflichtung der Bank, bei sich so und so viel Geld liegen zu haben, sondern nur die Verpflichtung zur sofortigen Auszahlung der auf der Note namhaft gemachten Geldsumme auf Verlangen des Inhabers. Sie traten so geradezu an Stelle des Geldes als selbständiges Umlaufsmittel, welches den Gebrauch von barem Gelde ersetzte, mit anderen Worten: „die gesamten Umlaufsmittel wurden um den Betrag der Anweisungen, welche über den faktisch vorhandenen Münzbestand hinaus ausgestellt waren, vermehrt[1]." Speciell von den cedulae bancariae sagt Endemann (Studien Bd. II S. 457), daß sie als bares Geld betrachtet wurden, „nicht, als ob dies nur eine Redensart des Verkehrs gewesen wäre; auch in streng juristischem Sinne wurde dies von den Theoretikern ausgeführt und in der Praxis der Gerichte häufig ausgesprochen;" früher oder später, namentlich im Laufe des 18. Jahrhunderts, verwandelten sich die „Notenbanken" in „Fabriken von Staatspapiergeld" und wurden als solche fast überall von Mißgeschick betroffen. Die zahlreichen schlimmen Erfahrungen blieben nicht ohne Eindruck auf die öffentliche Meinung; ein allgemeiner Widerwille gegen die Banknote brach sich allgemein Bahn. Erst die Gründung der Bank von Frankreich und ihre vortreffliche Verwaltung sowie die genauere Kenntnis des englischen Bankwesens, — in England wurde bereits 1694 durch die Whigs die Bank von England errichtet, und damit der „Typus der modernen Nationalbank" (R. Ehrenberg) geschaffen — hat jenes Vorurteil allmählich beseitigt.

Heute, namentlich nachdem die Erfahrungen früherer

---

[1] Vgl. Scharling a. a. O. S. 23.

Zeiten bei der Notenbankgesetzgebung sorgfältigst verwertet wurden, hat der Verkehr sich mehr denn je daran gewöhnt, in der Banknote lediglich ein Zahlmittel, „so gut wie Geld", zu erblicken.

§ 11. Die wirtschaftliche Bedeutung der Banknote.

Es wurde bereits darauf hingewiesen, daſs die fortentwickelte Volkswirtschaft eine so groſse Menge von Güterumsätzen zu bewerkstelligen hat, daſs diese schlechterdings nicht allein durch das Metallgeld vermittelt werden können. Dieser Umstand allein würde schon genügen, um die volkswirtschaftliche Existenzberechtigung der Banknote darzuthun; ihre auſserordentlich groſse Bedeutung liegt aber in einem anderen, mit dem hier erwähnten allerdings verwandten, Momente begründet. Der Geldbedarf ist in dem Stadium der Volkswirtschaft, in welchem wir uns befinden, ein ganz auſserordentlich s c h w a n k e n d e r geworden. Zeiten allgemeinen Aufschwunges, die eine gröſsere Menge von flüssigen Geldmitteln bedürfen, wechseln ab mit fast plötzlich eintretenden mehr oder minder allgemeinen Depressionen; und innerhalb der einzelnen Jahre wiederum verursacht z. B. der mit dem Quartal- und Jahreswechsel verbundene Bedarf an Geldmitteln für Löhne, Gehälter, Zinsen u. s. w. gröſsere Nachfrage nach Zahlmitteln. Ein rein metallischer Geldumlauf kann sich aber diesen Schwankungen des Geldbedarfes, welche eine notwendige Folge unserer wirtschaftlichen Verfassung sind, unmöglich anpassen. Hier bedarf es „eines elastischen Gürtels um den festen metallischen Kern, der je nach Bedarf sich ausdehnen und zusammenschrumpfen kann[1]." Als solch ein „elastischer Gürtel" wird aber am besten die Banknote dienen können, jedenfalls weit besser als ein Staatspapiergeld; hauptsächlich deshalb, weil man bei einer gutverwalteten Bank ziemlich sicher ist, daſs sie ihre Banknotenemission nicht über das jeweilige Verkehrsbedürfnis hinaus ausdehnt, „während," um

---

Helfferich a. a. O. S. 475; vgl. Scharling S. 365 ff.

mit Roscher zu sprechen, „die Menge des Staatspapiergeldes
von den ungefähren Meinungen, mehr noch von dem un-
begrenzten Bedürfnisse der Staatsgewalt abhängt[1]." Zusammen-
fassend wüfste ich die Bedeutung der Banknote namentlich
auch mit Rücksicht auf ihre Stellung zum Staatspapiergeld
nicht besser zu schildern als dies in einer Notiz der Augs-
burger „Allgemeinen Zeitung" vom 28. Mai 1857 geschehen
ist; es heifst da u. a.: „Vor hundert Jahren las man noch in
Verordnungen patriarchalischer Regierungen: der Wechsel sei
nur für Kaufleute und leichtsinnige Schuldenmacher. Eine
ähnliche levis notae macula ruhte bis in. die neueste Zeit
in weiten Kreisen auf den Banknoten. Man kann es nur anerkennen, dafs theoretisch und praktisch die eigentümliche
Natur der Banknote mehr und mehr gewürdigt wird. Die
Banknote windet sich in einer ganz bestimmten Verkehrskette
auf; der Notenbetrag schmiegt sich ganz augenblicklich dem
momentanen Bedarfe des Verkehrs steigend und fallend an,
und eben durch diese Elasticität ist die Banknote ein organi-
scher Teil eines stabilen Geld- und Wertsystems, während
Staatspapiergeld dieses verdrängt, die metallene Tauschbasis
affiziert, und wenn es zu Luxusausgaben und plötzlichem
Staatsaufwand verwendet wird, leicht zu momentanem oder
dauerndem Valutastürz führt. — Ist die Einlösungsfähigkeit
gesichert, so kann es als unbedenklich erscheinen, die Notencirkulation sogar als gesetzliches Zahlungsmittel für gröfsere
Beträge anzuerkennen."

Um endlich noch ein ungefähres zahlenmäfsiges Bild von
der wirtschaftlichen Bedeutung der Banknoten zu geben, seien
folgende Daten angeführt:

---

[1] a. a. O. Bd. III S. 303; vgl. Jevons a. a. O. S. 241; Wagner,
Zettelbankpolitik S. 7.

Tabelle I.
Es betrug der deutsche Geldumlauf für das Jahr 1896:

	Reichs-goldmünzen	Thaler u. Scheidemünzen	Reichs-kassenscheine	Banknoten	Zus.
Summe in Millionen Mark	2170	645	97	1238	4150
Prozent des Gesamt-umlaufs	52,3	15,5	2,3	29,9	100
Mark pro Kopf der Bevölkerung . . .	42,1	12,3	1,8	23,6	76,8

Als Beleg für die außerordentlich schwankende Nachfrage nach Umlaufsmitteln mag hier erwähnt werden, daß in Deutschland z. B. im Jahre 1897 am 28. Februar die gesamte cirkulierende Notenmenge 982 Millionen Mark betrug, am 31. März dagegen 1201 Mill., am 30. November 1099 Mill., am 31. Dezember dagegen 1319 Mill. — in beiden Fällen mithin von einem Monat zum andern ein Unterschied von 220 Mill. Mark und darüber[1].

Trotz der Verdoppelung der Metallgeldvorräte Deutschlands seit Beginn der Münzreform und trotz des enorm gewachsenen Giroverkehrs — die Giroumsätze der Reichsbank stiegen von 16 Milliarden im Jahre 1876 auf 115 Milliarden im Jahre 1897 — hat doch gerade in den letzten Jahren der Notenumlauf recht erheblich zugenommen.

Tabelle II[2].
Notenumlauf der Reichsbank 1876 bis 1898. (In Tausend Mark.)

1876	684 866	1884	732 906	1892	984 736
1877	694 929	1885	727 442	1893	984 827
1878	622 642	1886	802 178	1894	1 000 384
1879	667 675	1887	860 617	1895	1 095 593
1880	735 013	1888	933 042	1896	1 083 497
1881	739 727	1889	987 314	1897	1 085 704
1882	747 020	1890	983 882	1898	1 124 594
1883	737 246	1891	971 666		

[1] Vgl. Anlagen zum Entw. eines Gesetzes betr. Abänderung des Bankgesetzes bes. Anlage 3.
[2] Nach Anlage I a. a. O. Über die Größe der Notencirkulation vgl. auch Scharling a. a. O. S. 246—49.

Tabelle III[1].

Zusammenstellung

der in den Jahren 1895 bis 1898 Ende Oktober in den bedeutenderen öffentlichen Kassen und einer Anzahl gröfserer Privatinstitute vorhanden gewesenen Bestände an Reichsgoldmünzen, Einthalerstücken, Reichssilbermünzen, Nickelmünzen, Kupfermünzen, Reichskassenscheinen und Banknoten.

(In Millionen Mark.)

	Reichs-gold-münzen	Ein-thaler-stücke	Reichs-silber-münzen	Reichs-nickel-münzen	Reichs-kupfer-münzen	Reichs-kassen-scheine	Bank-scheine
	ℳ	ℳ	ℳ	ℳ	ℳ	ℳ	ℳ
1898	155,8	11,0	16,6	0,8	0,2	6,9	148,0
1897	147,7	11,0	15,7	0,9	0,2	7,1	133,7
1896	143,3	9,9	16,3	0,8	0,2	7,5	141,5
1895	155,4	12,4	16,5	0,9	0,2	8,4	168,7

§ 12. Die Stellung des Staates zur Banknotenausgabe.

Angesichts der Bedeutung der Banknote für den gesamten Staatsorganismus wirft sich die Frage auf: darf eine Bank Noten ausgeben, ohne irgendwelche Kontrolle des Staates, einzig und allein unter der Verpflichtung, sie nötigenfalls in Metallgeld einzulösen, oder hat der Staat nicht die Pflicht, dafür zu sorgen, dafs die Einlösung der Banknoten auch faktisch gesichert erscheint?

Die Banknote wird in Zahlung genommen von zahlreichen Personen, welche nicht im stande sind, die Kreditwürdigkeit der ausgebenden Bank zu prüfen, und welche sich in Abhängigkeitsverhältnissen befinden, die sie hindern, unsichere oder unbequeme Zahlungsmittel zurückzuweisen. Nehmen wir

---

[1] Vgl. den Bericht des Abgeordneten Müller (Fulda) über den der 8. Kommission überwiesenen Entwurf eines Gesetzes, betr. die Abänderung des Bankgesetzes vom 14. März 1875, erstattet am 14. April 1899 S. 3.

den Fall an, daſs etwa ein Handwerker, weil er besonders
sicher gehen will, einmal starrköpfig genug ist, Banknoten, die
ihm zur Begleichung von Rechnungen etc. angeboten werden,
zurückzuweisen; schon bald wird er sich den Titel eines
Sonderlings erworben haben und die Zahl seiner Kunden erheblich reduziert sehen. Gewiſs, man „kann“ die Banknote
zurückweisen, so steht es ja schwarz auf weiſs geschrieben,
aber — man muſs sie thatsächlich doch annehmen wie Geld;
eine Macht, die stärker ist als das Dekret des Staates, die
öffentliche Meinung, will es so. Und wenn nun unter deren
Zwange ein kleiner Gewerbetreibender etwa nolens volens eine
Banknote angenommen hat, so muſs er sich allerdings mit dem
Gedanken vertraut machen, daſs, während er sie noch in
Händen hat, die Bank zusammenbrechen kann und dadurch
ein vielleicht unheilvoller, jedenfalls recht schmerzlicher Verlust für ihn entsteht.

Solche Umstände machen es dem Staate zur Pflicht, für
eine staatliche Regulierung der Notenausgabe und des Notenumlaufs Sorge zu tragen. Die diesbezüglichen Hauptaufgaben
der „Notenbankpolitik“ lassen sich im einzelnen unter folgenden
Gesichtspunkten gruppieren[1]:

I. Stellung des Staates zur Errichtung von Zettelbanken.

Kurze Zeit hat das System der „Zettelbankfreiheit“ d. h.
der Freiheit der Notenausgabe bestanden, im groſsen und
ganzen darf man heute das einst so eifrig vorfochtene Bank-
freiheitsprincip als aufgegeben betrachten[2].

---

[1] Die folgenden Ausführungen stützen sich im wesentlichen auf die
Arbeiten von Wagner, namentlich dessen „Zettelbankpolitik“, Nasse
und Lexis Art. „Bankpolitik“ in H.W.B 1. u. 2. Aufl. und Scharling,
Bankpolitik.

[2] Daſs die Manchesterdoktrin eifrig für Bankfreiheit eintrat, darf
nicht Wunder nehmen, so meinte Otto Michaelis: „Der sich mit
zwingender Notwendigkeit ergebende Schluſs, daſs es dringend notwendig ist, gerade das Bankwesen unter die regelnde Gewalt der
freien Konkurrenz zu stellen, ist in Deutschland praktisch noch nicht

Schon etwas häufiger findet sich ein System mit „Normativ-bestimmungen"[1], aber da es ja ein bekannter Erfahrungssatz ist, daß die Verantwortlichkeit um so weniger empfunden wird, je mehr sie geteilt ist, und sowohl für den Staat wie für die öffentliche Meinung eine Überwachung vieler kleinen Banken viel schwieriger ist als diejenige einer oder einzelner großen Banken, erscheint es am empfehlenswertesten, wenn der Staat zur Centralisation des Notenbankwesens schreitet, indem er zur Ausgabe von Banknoten eine oder mehrere Banken privilegiert. Gegen die Centralisation der Notenausgabe in einer Bank und vollends gegen eine Staatsnotenbank[2] spricht jedoch der Umstand, daß diese Bank gegenüber un-berechtigten Forderungen der Staatsfinanzverwaltung in der Regel einen geringeren Widerstand besitzt als mehrere unter-einander konkurrierende Banken, wobei es allerdings aus mehr-

---

gezogen. Wir bleiben in dem vitiösen Zirkel eines Konzessionierungs- und Monopolsystems und sehen ein gefahrbringendes System centraler Notenfabrikationsanstalten unter die Treibhaushitze des Monopols ge-stellt." Vierteljahrsschrift f. V.W. Bd. XI S. 134. Vgl. auch Baud-rillart l. c. S. 295 ff. Früher trat auch Adolf Wagner unbedingt für „Bankfreiheit" auf Grund der sich aus der „Banktheorie" (vgl. S. 50) ergebenden Konsequenzen ein; aber schon anfang der siebziger Jahre erklärte er, von dieser Forderung zurückgetreten zu sein, weil der Absolutismus der Lösungen auch im Gebiete der praktischen Bank-fragen unhaltbar sei. Vgl. Knies, Kredit II S. 437. In allerjüngster Zeit bezweifelt Scharling (a. a. O. S. 325), ob die Tendenz, die sogenannte Bankfreiheit aufzuheben, auch „rein ökonomisch und bankpolitisch motiviert werden könne;" es sei vielmehr Grund, daran zu erinnern, „daß dieses Princip mit der Natur der Verhältnisse übereinstimme" (S. 326). Gewisse „Modifikationen" scheinen aber auch ihm unerläßlich. Vgl. bes. S. 358.

[1] Auf dieser Grundlage sind die amerikanischen Nationalbanken, die schwedischen Enskilda Banker, welche neben der Königl. Bank von Schweden, einem Staatsinstitut, Noten ausgeben, und die schweize-rischen Concordatsbanken errichtet.

[2] Freilich meint Ricardo a. a. O. S. 398, daß in einem freien Staate, mit aufgeklärter Gesetzgebung, unter gewissen Kautelen die Befugnis, Papiergeld in Umlauf zu setzen, unbedenklich in die Hände von Beamten gelegt werden könne, die „zu diesem besonderen Zwecke ausgesucht und angestellt wären, und diese könnten sogar von der Aufsicht der Minister ganz unabhäng gestellt werden."

fachen Gründen wünschenswert erscheint, wenn eine der
Notenbanken mit besonderen Privilegien ausgerüstet wird und
dadurch in den Stand gesetzt ist, auch die gemeinwirtschaft-
lichen Aufgaben zu übernehmen, die der Zettelbank in dem
modernen Wirtschaftsleben zufallen.

II. Höhe des Notenumlaufs und Art der Deutung der Banknoten.

Aus den bisherigen Erörterungen, namentlich aus der geschichtlichen Entwicklung der Banknote ergiebt sich zur
Genüge, daſs volle Bardeckung für alle Noten natürlich nicht
erforderlich ist, um die Verwaltung einer Banknotenausgabe
als technisch korrekt erscheinen zu lassen. Die Bank verspricht
eben nicht, für jede präsentierbare Note, sondern nur für
jede präsentierte Note Bargeld bereit zu halten. Daher
wird man auch nur von ihr fordern dürfen, daſs sie einen
solchen Vorrat von Währungsgeld in andauernder Bereitschaft
hält, wie es für die jeweilig thatsächlich zur Einlösung präsen-
tierten Noten erforderlich ist. Diesem Erfordernis kann in
verschiedener Weise genügt werden. Die wichtigsten der bestehenden „Deckungssysteme" sind

1. das durch die Peelsche Bankakte vom Jahre 1899 eingeführte System der unmittelbaren Kontingentierung d. h.
   bis zu einem bestimmten Betrage dürfen Noten ohne
   Bardekung ausgegeben werden, jede Note über den
   festgesetzten Betrag hinaus ist voll in Bargeld zu decken;
2. die Quotaldeckung d. h. die Bardeckung muſs mindestens
   einen bestimmten Bruchteil (meist $1/3$) des Notenumlaufs
   erreichen;
3. das System der unmittelbaren Kontingentierung d. h. die
   Ausgabe metallisch ungedeckter Banknoten über eine bestimmte Summe, das Kontingent, hinaus, ist nicht schlechtweg verboten, sondern an Erschwernisse, nämlich die
   Entrichtung einer Notensteuer, geknüpft[1].

---

[1] Über die Vorteile und Nachteile der .einzelnen System vgl.
Scharling a. a. O. S. 358 ff.

Aufserdem wird der Staat noch zu regeln haben die
Führung der übrigen Aktiv- und Passivgeschäfte der Bank,
die · Höhe und Veranlagung des eigenen Kapitals und des
Reservefonds, die Organisation und Verwaltung der Bank.
Bemerkt mag endlich noch werden, dafs hauptsächlich in dem
Bestreben, eine gröfsere Menge Metallgeld im Lande zu er-
halten und dadurch dem Geldwesen solidere Basis zu geben,
ein Minimalbetrag festgestellt zu werden pflegt, auf welchen die
Banknoten lauten müssen.

„Auf Grund solcher Mafsnahmen ist es verhältnismäfsig
leicht, das Notenbankwesen auf legislativem Wege in einer
Weise zu regeln, dafs es unter normalen Verhältnissen gut
funktioniert; aber ungleich schwieriger ist es für die Zettelbankpolitik, solche Mafsnahmen zu treffen, welche es auch
während einer Krisis erreichen, dafs die Banken den Privat-
gläubigern und dem socialen Ganzen gegenüber das leisten,
was man von ihnen erwartet. Jedenfalls ist es aber eine starke
Übertreibung, wenn man behaupten will, dafs Banknotengesetze
nur zu Zeiten Geltung behalten, wo sie unnütz sind und in
dem Augenblicke aufgehoben werden, in welchem sich die
Richtigkeit des Princips, auf welchem sie basieren, erweisen
soll"[1]; wenn allerdings auch nicht verschwiegen werden soll, dafs
selbst ein so hervorragender Kenner unseres Notenbankwesens
wie Helfferich zu dem Ergebnisse kommt, dafs es keinem
Zweifel unterliegen kann, dafs bei einer ernsten wirtschaftlichen oder politischen Krisis die meisten deutschen Privatnotenbanken aus eigener Kraft sich nicht würden aufrecht erhalten können[2].

§ 13. Die deutsche Banknotengesetzgebung[3].

Notenbankfreiheit wurde in Deutschland eigentlich nie
anerkannt, die verschiedenen Notenbanken, welche nach und

---

[1] Vgl. Bunzel, Das moderne Geld- und Kreditwesen. Zeitschr.
für Volkswirtschaft, Socialpolitik u. s. w. (Böhm-Bawerk) Bd. VII S. 251.
[2] a. a. O. S. 474.
[3] Vgl. Motive zu dem Gesetze über Ausgaben von Banknoten vom
27. März 1870; Koch, Die Reichsgesetzgebung über Münz- und Bank-

nach ins Leben traten, verdanken ihr Dasein ausschliefslich den Konzessionen der Regierung. Als erste notenausgebende deutsche Bank darf man die von Friedrich dem Grofsen im Jahre 1765 begründete „Königliche Bank" in Berlin betrachten, jedoch blieb die Notenemission derselben ohne besondere Bedeutung und hörte schon im Jahre 1806 auf, als die Verhältnisse es nötig machten, Staatspapiergeld in grofsem Umfange zu emittieren (vgl. S. 28 Note 5). Erst im Jahre 1820 fing die Königliche Bank wieder an, „Bankkassenscheine" von wenigstens 100 Thalern zu emittieren. Vom 1. Januar 1847 an wurde sie, einer Kabinetsordre vom 11. April 1846 gemäfs, unter dem Namen „Preufsische Bank" aus einer Staatsbank in eine Privataktienbank umgewandelt. Neben ihr gab es bis zum Jahre 1848 nur noch je eine Notenbank in Stettin (gegründet von der pommerischen Ritterschaft 1824), in München und in Leipzig. Als aber im Jahre 1848 in Preufsen die Gründung von Notenbanken, wenn gewisse Normativbedingungen erfüllt waren, freigegeben wurde, und auch in den kleinen Staaten unschwer Konzessionen zu erlangen waren, schossen die Zettelbanken wie Pilze aus dem Boden.

Da das Geschäftsgebaren dieser Banken nach mancher Richtung hin bedenklich war, die Einlösung der Banknoten, die häufig ganz aufserordentlich klein waren — bis zu 1 Thaler — mit Schwierigkeiten verbunden war, wenn sie erst über die Grenzen gekommen waren, weil die Banken aufserhalb ihres eigenen Staats keine Einlösungsstellen hatten, machte sich bald in ganz Deutschland ein starker Unwille gegen das Vielbanksystem geltend[1]. Es entsprach daher dem allgemeinen Bedürfnisse, als der Norddeutsche Bund durch Art. 4 No. 4 seiner Verfassung die Banknotengesetzgebung in die Hand nahm.

---

wesen; Bunzel a. a. O. S. 337 ff.; Devas a. a. O. S. 268—272; Scharling a. a. O. S. 216—260; H.W.B. 2. Aufl. Art. Banken. Übersicht der gesetzlichen und statutarischen Bestimmungen über Zettelbanken und Banknoten in Deutschland. Annalen 1890. S. 1 ff.

[1] Im Jahre 1870 gab es im Reiche 31 Zettelbanken; die Notenemissionsbefugnis von 6 Banken war ganz unbeschränkt, die der anderen auf zusammen 61 000 000 Thaler abgegrenzt.

Um dem weiteren partikularen Ausbau des Zettelbankwesens Einhalt zu thun, erliefs er am 27. März 1870 das Gesetz über die Ausgabe von Banknoten, durch welches die Entstehung künftiger Notenbanken von der Bundesgesetzgebung abhängig gemacht wurde.

Nachdem durch die Reichsverfassung das deutsche Banknotenwesen unter die Aufgabe der Reichsgesetzgebung gebracht war, wurde zunächst am 1. Januar 1872 das Banknotensperrgesetz — so pflegte man das Gesetz vom 27. März 1870 kurzweg zu nennen — auch auf das süddeutsche Gebiet ausgedehnt. Die schwere wirtschaftliche Krisis, die in den Jahren 1871—73 Deutschland heimsuchte, und für welche man das Notenbankwesen mit in erster Linie verantwortlich machen wollte, liefs eine gründliche Reformation desselben unumgänglich erscheinen. Die dadurch der Reichsgesetzgebung erwachsenden Aufgaben waren keine leichten: die zahlreichen in Deutschland mit der Befugnis zur Notenausgabe privilegierten Banken wichen in vielen wesentlichen Punkten hinsichtlich ihrer statutarischen Grundlage[1] von einander ab, und an diese „historisch begründeten und rechtlich sanktionierten Zustände" anzuknüpfen war angesichts der vielfachen partikularistischen Strömungen doppelt schwer.

Aus diesen Verhältnissen heraus entstand das auch heute noch im wesentlichen mafsgebende Bankgesetz vom 14. März 1875[2]. Die hauptsächlichsten und hier interessierenden Bestimmungen dieses Gesezes sind folgende:

Entsprechend den Bestimmungen des Banknotensperrgesetzes wurde jetzt für das Reich bestimmt, dafs die Befugnis zur Ausgabe von Banknoten nur durch Reichsgesetz erworben werden könne (§ 1). Gleichzeitig wurde durch Umwandlung der Preufsischen Bank in eine Reichsbank (vgl. R.G. vom 27. März 1875 R.G.Bl. S. 166) eine Centralbank unter Bei-

---

[1] Vgl. Übersicht der gesetzlichen und statutarischen Bestimmungen über Zettelbanken und Banknoten in Deutschland. Vom Reichskanzler dem Bundesrate vorgelegt unterm 31. Dezember 1873: An. 1874 S. 633 ff.

[2] Vgl. jedoch Gesetz betr. Abänderung des Bankgesetzes vom 14. März 1875, vom 7. Juni 1899 R.G.Bl. S. 311.

behaltung der Landesbanken geschaffen. Die Centralbank ist
unbedingt, die Privatnotenbanken sind, wenn sie nicht von gewissen Nachteilen getroffen werden sollen, verpflichtet, für den Betrag ihrer im Umlauf befindlichen Noten jederzeit mindestens ¹/₃
in kurzfähigem deutschen Gelde, in Reichskassenscheinen oder
Gold in Barren oder ausländischen Münzen und den Rest in
sicheren diskontierten Wechseln, welche eine Verfallzeit von
höchstens 3 Monaten haben, in ihren Kassen als Deckung
bereit zu halten (§ 17 und § 44 Nr. 3). Bezüglich der Deckung
hat man die „indirekte Kontingentierung" des metallisch un-
gedeckten Banknotenumlaufs durch eine fünfprozentige Steuer
gewählt[1]. In absoluter Weise ist ausdrücklich das Gegenteil
des Zwangskurses bestimmt: Bei Zahlungen, die gesetzlich in
Geld zu leisten sind, besteht keine Verpflichtung zur Annahme
von Banknoten und eine derartige Verpflichtung kann auch
nicht durch Landesgesetz begründet werden (§ 2). Dagegen
ist jede Bank verpflichtet, ihre Noten auf Präsentation nicht
nur an ihrem Hauptsitz sondern auch bei Zweiganstalten jederzeit zum vollen Nennwert in Zahlung zu nehmen (§ 4 I).
Ähnlich wie bei den Reichskassenscheinen[2] ist nur dann von
den Banken für beschädigte Noten, die übrigens anders nicht
als auf Beträge von 100, 200, 500 und 1000 Mark oder einem
vielfachen von 1000 Mark angefertigt werden dürfen (§ 3),
Ersatz zu leisten, wenn der Inhaber „entweder einen Teil der
Noten präsentiert, welcher größer ist als die Hälfte oder den
Nachweis führt, daß der Rest der Note, von welcher er nur
die Hälfte oder einen geringeren Teil als die Hälfte präsentiert,
vernichtet sei." Für vernichtete und verlorene Noten sind die
Banken überhaupt nicht verpflichtet Ersatz zu leisten, sodaß
es also weder eine Zahlungssperre noch ein Aufgebotsverfahren
behufs Kraftloserklärung der Noten giebt (§ 4 II.)

Die Privatnotenbanken, welche Notenemissionsrecht hatten,
durften keine Filialen oder Agenturen haben und ihre Noten
nicht zu Zahlungen außerhalb des Territoriums ihres eigenen

---

[1] Vgl. darüber Motive zum Entwurf des Bankgesetzes S. 18 ff.
[2] Gesetz vom 30. April 1874 § 62.

Staates benutzt werden, aufser wenn sie sich den in den
§§ 44 und 45 festgesetzten Bestimmungen unterwarfen. Diese
hier festgesetzten Bedingungen waren aber so streng, dafs eine
Reihe von Banken glaubte, ihre Rechnung nicht dabei zu
finden, wenn sie sich denselben unterwarfen, da sie dann ihre
ganze Geschäftsführung verändern und Zweige ihrer Thätigkeit aufgeben mufsten, welche für sie schliefslich noch wichtiger
waren als die Notenausgabe. So verzichteten 12 Privatnotenbanken gleich auf ihr Emissionsrecht, im Laufe der Jahre
kamen eine Reihe weiterer Banken ebenfalls zu der Erkenntnis,
dafs das Notenrecht mit dem Aufgeben ihrer vor dem Bankgesetz gewohnten Thätigkeit zu teuer erkauft sei; und den
preufsischen Banken wurde — mit Ausnahme der Frankfurter
Bank — bei Ablauf der Konzession die Erneuerung derselben
überhaupt verweigert. Heute existieren nur noch 6 Privatnotenbanken (aufser der Braunschweigischen, die eine gewisse
Sonderstellung einnimmt), nämlich die Bayrische Bank, die
Württembergische Notenbank, die Badische Bank, die Bank
für Süddeutschland in Darmstadt, die Sächsische Bank in
Dresden und endlich die Frankfurter Bank, welche lediglich
als Gegengewicht gegen die süddeutschen Banken, deren Noten
sonst leicht in dem südwestlichen Preufsen Eingang finden
würden, aufrecht erhalten wird.

Dritter Abschnitt.

Das Verhältnis der Banknote zum Gelde.

I. Die Ansicht der Litteratur.

§ 14. Vorbemerkungen. — Banking- und Currency-Theorie.

Nach den Erörterungen der beiden ersten Abschnitte ist, wie ich hoffe, der Weg, welcher zur Beantwortung der gestellten Frage führt, genügend geebnet; ehe ich jedoch meine eigenen Ansichten über den Geldcharakter der Banknote darlege, möchte ich doch wenigstens einen flüchtigen Blick werfen auf die so aufserordentlich verschiedenartigen, in der Litteratur zu Tage getretenen Ansichten über das Verhältnis der Banknote zum Gelde. Ich begnüge mich dabei, nur hier und da einige kritische Bemerkungen einzuschalten; eingehendere Kritik erscheint mir schon deshalb nicht angebracht, weil ja vielfach schon Gesagtes nur wiederholt oder zur Begründung meiner eigenen Ansicht noch zu Sagendes vorweg genommen werden müfste.

Würde die Arbeit eine vorwiegend socialökonomische Untersuchung sein, so wäre es unerläfslich, dabei auf den berühmten Streit einzugehen, der sich an die Schlagworte: „Currency principle" und „Banking principle" und die „Peelsakte" von 1848 anschlofs; es wäre das Bild eines für jeden

„outsider" recht wenig interessanten und praktisch wohl recht wenig bedeutungsvollen wissenschaftlichen Kampfes zu ent- rollen, bei dem wir auf der einen Seite die Namen eines Ricardo, Peel, Lord Overstone, Torrens, auf der anderen die eines Tooke, Newmarch, Fullarton, A. Wagner und mancher anderer fachbedeutender Socialökonomen finden würden.

Da ich aber wohl die wirtschaftlichen Erörterungen nur als Mittel zum Zwecke, als Fundament der juristischen Unter- suchungen betrachten darf, möchte ich den Streit hier nicht weiter verfolgen und mich mit der Bemerkung begnügen, daſs meiner Ansicht nach sowohl die Ansichten der „Geldtheorie" wie diejenige der „Banktheorie" zu unrichtigen Ergebnissen führen. Die erstere, weil sie zu wenig den Unterschied der einzelnen Geldarten beachtet, die letztere, weil sie jeden wesentlichen Unterschied zwischen Banknoten und „Geld- kreditpapieren" leugnet.

Als eigentlichen Ausgangpunkt des ganzen Streites darf man wohl — wie hier in Paranthese bemerkt sein möge — die diametral-entgegengesetzte Auffassung beider Schulen von der Fähigkeit der Banken, die Notenmenge willkürlich zu ver- mehren, betrachten. Jedenfalls ganz und gar unhaltbar war m. E. in dieser Hinsicht die Ansicht der Banktheorie, die be- hauptete, daſs die cirkulierende Menge einlösbarer Noten nur durch den Bedarf des Verkehrs nach Notengebrauch bestimmt werde. Ganz richtig hat demgegenüber Knies (Kredit II S. 426 ft) dargelegt, daſs die Notenmenge, welche der Verkehr bedarf und begehrt, also haben muſs, nur die unteren Grenzen, das Minimum der Cirkulation bilde. Das Maximum wird durch diejenige Notenmenge bestimmt, welche der Ver- kehr noch in Cirkulation halten und tragen kann[1].

Dies vorausgeschickt wende ich mich nun dazu, die An sichten der nationalökonomischen Litteratur über unsere Frage,

---

[1] Den hier in Frage stehenden Streit behandelt sehr eingehend A. Wagner in seiner Geld- und Kredittheorie der Peelschen Bankakte; vgl. ferner Macleod, Dictionary, Art. Currency Principle; sowie neuer- dings Scharling a. a. O. S. 114—127.

ohne Rücksicht darauf, ob die Autoren sich zu der einen oder anderen „Schule" bekennen, kurz zu skizzieren:

§ 15. A. „Die Banknote ist kein Geld."

Glaubt ihr, man geb euch Gold und Wert?

— — — — — — — — — — — —

Ihr Täppischen; ein artiger Schein
Soll gleich die plumpe Wahrheit sein. —
— — — — — — dumpfen Wahn
Packt ihr an allen Zipfeln an.

(Der Herold in Goethes „Faust" II. Teil.)

1. Die Nationalökonomen.

Von den deutschen Nationalökonomen, welche in der Banknote etwas vom Gelde durchaus Verschiedenes sehen, mufs an erster Stelle Adolf Wagner[1] genannt werden, der wohl auf dem Gebiete der Zettelbankpolitik unbestritten als die erste Autorität in Deutschland gelten darf. Er glaubt, dafs „die Erkenntnis des wahren Begriffs, Wesens und der kredit-wirtschaftlichen Funktion der Banknote" dadurch gefunden sei, dafs man sie als Anweisung der Bank auf sich selbst be-trachte, die mit dem Papiergelde nichts zu thun habe und sich von Cheks, fälligen Coupons, Dividendenscheinen, Sichtwechseln mit Blankoindossament etc. nur formell, keineswegs auch principiell unterscheide. Die Aufstellung eines Unterschieds zwischen diesem letzteren sogen. Kreditumlaufsmittel und der Banknote ist für ihn „wissenschaftlich unhaltbar". Die „Kreditgelder" insgesamt vermöchten zwar das Geld in seiner Funktion als Tausch- und Umlaufmittel zu vertreten, während sie sich in ihrer Funktion als Tausch-Preismafs ausdrücklich auf Geld zurückbezögen; denn sie lauteten ja auf einen be-stimmten Betrag des eigentlichen Geldes, gegen den sie auf Verlangen eingelöst oder für den sie in Zahlung genommen werden.

---

[1] Vgl. Bluntschli Bd. VII bes. S. 649, System S. 5 f., Geld- und Kredittheorie S. 62—77, Staatspapiergeld bes. S. 18 ff.

4*

Wagners Ansicht teilt der bekannte italienische Nationalökonom Luigi Cossa[1]. Wie diese, sprechen sich auch Conrad[2]
und ganz besonders Lexis gegen die Geldqualität der Banknote aus; letzterer meint: „Die Banknote ist wohl zu unterscheiden nicht nur von dem eigentlichen Gelde, den Haupt-
münzen des Landes, sondern auch von allen Arten metallischer
und papierner Wertzeichen, insbesondere dem Papiergelde, insofern diese Sachen, die Banknote aber eine Urkunde über
eine Forderung ist; dieser wesentliche Unterschied wird auch
nicht dadurch aufgehoben, dafs die Banknote zum gesetzlichen
Zahlungsmittel erhoben wird“ ... Wie im Chek sieht Lexis
in der Banknote nur „ein Vehikel zur Cirkulation von Forderungen an eine Bank“[3]. Der Franzose Chevalier wendet
sich speciell gegen den populären Sprachgebrauch, der einen
Unterschied zwischen Banknote und Geld nicht machen wolle:
„L'usage s'établie, d'étendre la dénomination de Monnaie à des
signes auxquels il semblait qu'elle ne dût plus s'appliquer.
C'est ainsi qu'aujourdhui, de tous côtés, on parle du billet de
banque en le qualifiant de Monnaie Fiduciaire, sans s'in-
quiéter de savoir si c'est bien là ce qu'il est permis d'appeler
de la Monnaie, et sans se demander si, en le dénommant ainsi,
on ne provoque pas le désordre des idées, d'où naît le désordre
des faits“[4]. An einer anderen Stelle sagt Chevalier: „Entre
le billet de banque et la monnaie, l'intervalle est le même
qu'entre promettre et tenir, et quelquefois qu'entre l'ombre et
la substance“[5]. Auch der Holländer Rochussen will von dem

---

[1] Elementi Soz. III Cap. V.
[2] a. a. O. S. 47.
[3] H.W.B. 2. Aufl. Art. Banken Bd. II S. 134.
[4] a. a. O. Préface de la III. Edit. p. VI.
[5] a. a. O. S. 64; ähnlich Courcelle-Seneuil, Journ. d. ec. 1866,
III, S. 342; vgl. auch Baudrillart a. a. O. S. 277; er spricht sich
dahin aus, dafs zwischen der Banknote und dem Gelde derselbe Unterschied bestehe wie zwischen Wahrscheinlichkeit und absoluter Sicherheit. Dieser Vergleich scheint mir allerdings etwas zu hinken. Nehmen
wir an, dafs es heute oder morgen einem genialen Kopfe gelänge, eine
Methode zu erfinden, welche Metallgeld wirklich ganz überflüssig machte,
würde Boisquillebart völlig Recht behalten, der sagt, dafs es kein,

Geldcharakter der Banknote nichts wissen. In seinen „Studies over Geld en Muntwesen" geht er davon aus, daſs das Geld in sich Äquivalent für die hingegebene Ware sein müsse: „Het is dat equivalent, niet iets, dat in de plaats daarvan treedt of er aanwijzing op geeft" (a. a. O. S. 35); und so kommt er denn naturgemäſs zu dem Schlusse: „Het bankbiljet kan nimmer monnaie zijn, daar het niet is overdracht van het recht van eigendom op een deel van het muntmetaal in de kelders der Bank maar slechts eene vordering op haar (a. a. O. S. 105.) Einen schon etwas gemäſsigteren Standpunkt nimmt der Engländer Bonomy Price ein; theoretisch zwar sieht er in den metallischen Münzen das einzig wahre Geld, nichts anderes will er als solches anerkennen, „es sei denn eine Ware, etwa ein Ochs, eine Kuh oder ein Stück Salz"; aber gleichwohl ist er einsichtig genug um zuzugeben, daſs durch theoretische Erörterungen die Banknote nimmer ihres Titels „Geld" entkleidet werden könne: „Im Volksmunde ist die Grenze zwischen ihnen und der Münze nicht aufrecht zu erhalten. Durcheinander gemischt in demselben Beutel wird die ganze Summe als Geld angesehen. Beide verrichten dieselbe Arbeit, beide cirkulieren und kaufen mit derselben Leichtigkeit, beide geben keine andere Vorstellung von sich, als daſs sie Geld sind, um damit zu kaufen." Bedauerlich ist allerdings dies alles auch für ihn, weil er darin nur eine Verdunkelung der Thatsache erblickt, daſs „jemand, der eine Goldmünze für seine Güter in Zahlung nimmt, ein wirkliches Stück Eigentum, ein Metall empfängt, welches ebenso wertvoll ist" [1].

---

auch noch so wohlfeiles Nahrungsmittel gebe, welches nicht dem Gelde vorgezogen würde; „s'il était impossible au possesseur de l'argent de s'en dessaisir, ce qui le reduirait bientôt au même état que le Midas de la fable? Dissertation sur la Nature des Richesses (Edit. Guillaumin p. 374). Rothschild, der „régent" der Bank von Frankreich im Jahre 1869 erklärte einmal: „Démonétiser l'argent — ce serait détruire une portion du capital du monde. Ce serait une ruine." Cit. durch Rochussen l. c. S. 84. Vgl. auch die diesbez. treffliche Bemerkung Umpfenbachs, Die Volkswirtschaftslehre. Würzburg 1867. S. 151.

[1] a. a. O. S. 35.

Unter den deutschen Socialökonomen, die zu den „ge-
mäfsigten" Gegnern der Geldqualität der Banknote gehören,
ragt besonders Knies hervor: Er empfindet im Gegensatz zu
Wagner recht wohl, dafs Banknoten und die „Geldkreditpapiere"
nicht so ohne weiteres zusammengeworfen werden dürfen, aber
„mag auch bei der Banknote der Zweck, den Gebrauch des
Geldes als Zahlmittel zu ersparen, so sehr dominieren, dafs
sie besonders dazu ausgerüstet wird, sich fast jedermann und
fast überall, wo Zahlungen gemacht werden sollen, als brauch-
fähig erweisen zu können, so ist sie doch dieser Aufgabe nur
deshalb gewachsen, weil und insofern sie ein ‚handlichstes'
Geldpapier ist"[1]. So äufserte er sich in seiner 1873 erschienenen ersten Auflage über das Geld. In seinem drei Jahre später
erschienenen Werke über den Kredit scheint Knies seine Ansicht nicht unerheblich zu modifizieren. Nunmehr spricht er
es offen aus, dafs die Banknote rechtsgültig zur „Barschaft"
gehöre (a. a. O. S. 201). Allerdings scheut er sich auch jetzt
noch, die Banknote geradezu eine Art Geld zu nennen, seiner
Ansicht nach sollte die Wissenschaft „von der unumwundenen
Anerkennung des zwiefachen, also zusammengesetzten Funda-
ments der modernen Banknote so ausgehen, dafs man grund-
sätzlich darauf verzichtet, durch Betonung der prävalierenden
Seite die Banknote zum Papiergelde oder zum Inhaberpapier
zu machen[2]."

Zu einem ganz ähnlichen Resultate wie Knies war schon
früher John Stuart Mill gekommen; er legt allerdings der
ganzen Sache keine grofse Wichtigkeit bei, sie ist für ihn nur
a question of nomenclature, und er meint, dafs es einige Mühe
koste, um zu begreifen, weshalb man der in Rede stehenden
Frage soviel Interesse entgegenbringe. Seine eigene Ansicht
tritt wohl am besten in folgender Stelle zu Tage: An instrument which would be deprived of all value by the insolvency
of a corporation, cannot be monney in any sense in wich

---

[1] Geld S. 158.
[2] Kredit, Teil I S. 200, Teil II S. 420 ff.

money is opposed to credit. It either is not money or it is money and credit too [1].

Eine etwas eigenartige Stellung zu unserer Frage nimmt Richard Hildebrand ein [2]. Für ihn besteht allerdings nicht blofs ein „formeller", sondern ein „principieller" Unterschied. Die Banknote erscheint ihm auch als ein „wirkliches Ersatzmittel des baren Geldes". Aber meint er, „sie ersetzt das letztere nicht in seiner Eigenschaft als ‚Umsatzmittel' oder ‚Wertmafs', wohl aber ersetzt sie es in seiner Eigenschaft als Zahlmittel, d. h. in derjenigen Eigenschaft, in welcher allein das Metallgeld überhaupt ein Gegenstand bestimmten Bedarfes ist. Man kauft zwar nicht mit Banknoten, wohl aber bezahlt man damit [3]".

Wie bei Hildebrand kann man auch bei dem Österreicher Hertzka zweifelhaft sein, ob man ihn zu den Gegnern des Geldcharakters rechnen soll. Er äufsert sich nämlich dahin, dafs die Banknote, insofern sie nichts anders sei als der in bequemere, handlichere Form geprägte Repräsentant eines deponierten Edelmetallquantums, als „vollkommen gutes Geld" bezeichnet werden müsse. Insofern sie jedoch metallisch ungedeckt sei und lediglich gestützt auf die Erwartung emittiert werde, dafs das Publikum von seinem Rechte der Umwechslung gegen Hartgeld keinen Gebrauch machen werde, sei sie nichts anderes als ein Kreditpapier [4].

Endlich sei noch hingewiesen auf die Ansicht des bekannten französischen Philosophen und Nationalökonomen Destutt de Tracy; hauptsächlich auch deshalb, um durch ein Beispiel zu zeigen, wie aufserordendlich man sich hüten mufs, für die Geldtheorie absolute Grundsätze aufzustellen.

---

[1] Principles Bd. III ch. XII § 7; vgl. Bd. III ch. XIII § 6: The substitution of paper for metallic currency is a national gain, any further increase of paper beyond this is but a form of robbery.

[2] a. a. O. S. 54 ff.

[3] Gerade umgekehrt bei Wagner (Staatspapiergeld S. 20): Die Banknote ersetzt das Geld nur in seiner Eigenschaft als „Umlaufsmittel" nicht in seiner Eigenschaft als Zahlmittel.

[4] a. a. O. S. 80.

In seinem Commentaire sur l'esprit des lois de Montesquieu[1] entwickelt er hinsichtlich des Geldbegriffs etwa folgende Gedanken: Unter den verschiedenen Waren, welche alle einen Wert haben, befindet sich eine homogene, unveränderliche und leicht zu transportierende, und diese wird ganz natürlich zum Maßstabe für alle übrigen; es sei — das Silber. Um seine Quantität und Qualität mit der größten Genauigkeit zu konstatieren, prägt die Staatsgewalt ein Zeichen darauf, so werde es Geld. Dann fährt er wörtlich fort: „Die Erklärung der Natur des Geldes zeigt uns gleich, daß nur ein Metall wirklich Geld sein kann; denn bei jeder Berechnung kann es nur eine Einheit des Maßes geben. Dies Metall ist das Silber, das Gold gilt eben nur subsidiär, indem man seinen Wert nach dem des Silbers bestimmt." Daß er den Gedanken, die Banknote könne eine Art Geld sein, weit von sich weist, ist selbstverständlich. Was würde man sagen, wenn irgend ein moderner Schriftsteller heute, wo alle Welt weiß, wie wenig „unveränderlich" der Wert des Silbers war und ist, die Ansichten Destutts vertreten wollte? Und ob nicht manche andere der in diesem Paragraphen erörterten Meinungen in etlichen Jahrzehnten weniger Staunen und Verwunderung wachrufen werden?

2. Die Juristen.

Von älteren juristischen Autoren, die in der Banknote nur auf den Inhaber gestellte Schuldverschreibungen sehen, seien erwähnt: Pöhls, v. Martens, Bender[2]. Die erste eingehendere Untersuchung über den Charakter der Banknote vom juristischen Standpunkte aus findet sich wohl bei Kuntze in seiner „Lehre von den Inhaberpapieren". Er kann natürlich auch nicht leugnen, daß die Banknoten im täglichen Verkehre dem Papiergelde fast gleichgeachtet werden, „die Noten kreditloser Banken dem von kreditlosen Staaten emittierten

---

[1] Deutsch von Morstadt u. d. T. „Charakterzeichnung der Politik aller Staaten der Erde". 2 Bde. Heidelberg 1820—21.

[2] In den bei Kuntze a. a. O. S. 479 citierten Schriften.

Papiergelde geachteter Staaten[1]." Nach seinem Dafürhalten betrachte der „Unbefangene unter seinem vorrätigen ‚Gelde' auch die etwa darunter befindlichen Banknoten. Principiell scheidet er jedoch die Banknote streng von dem Papiergelde. Die Banknote ist für ihn nichts als eine ‚Skripturobligation', ein ‚Obligationspapier', dessen Übereinstimmungsmomente mit dem Gelde ‚nicht einfache Konsequenzen aus dem Wesen der Banknote sind, sondern kraft positiver (gewohnheitsrechtlicher oder gesetzlicher) Sanktion bestehen" (a. a. O. S. 488). Mit dieser letzteren Bemerkung scheint mir Kuntze sich selbst zu widersprechen; er betrachtet als das „Kriterium des Geldes" den Zwangskurs (a. a. O. S. 431); dieser Zwangskurs ist doch wohl auch keine „einfache Konsequenz aus dem Wesen" des Geldes, vielmehr ist das, was Kuntze „Geld" nennt, nur dadurch als das gesetzliche Zahlungsmittel in Geltung gekommen, dafs gewisse Metallstücke, Papierscheine u. s. w. kraft „positiver Sanktion" als Geld verwendet wurden. Weniger bedenklich als Kuntze scheint Goldschmidt die Stellung der Banknote auf einer Stufe mit dem Gelde zu betrachten. Allerdings bezeichnet er Scheidemünzen, Papiergeld und Geldpapier als blofse „Metallgeldzeichen", die nur in unvollkommenem Mafse Geld seien, „doch können dieselben sämtliche Funktionen des Geldes erfüllen, ja anomaler Weise selber zum Gelde werden[1]." Die Geldzeichen scheidet Goldschmidt, je nachdem ihre Grundlage ein „Zahlungskredit" oder ein „Einlösungskredit" bildet, in Kreditgeld (lediglich Zahlmittel) oder Geldkreditpapier (nicht Zahlmittel, sondern Einlösungsmittel) für die entsprechende Summe Metallgeld (a. a. O. S. 1193). Er trägt Bedenken, die Banknoten einer der beiden Klassen zuzuweisen, und begnügt sich, sie für eine „dem Papiergelde sehr verwandte Spielart zwischen Kreditgeld und dem Geldkreditpapiere zu erklären" (a. a. O. S. 1227). Dies ist im grofsen und ganzen die Auffassung seines Handbuchs; in dem etwas später durch die Hartmannsche Schrift veranlafsten Aufsatze „Zur Rechtstheorie des Geldes", in Bd. XIII seiner Zeitschrift, giebt Goldschmidt

---

[1] a. a. O. S. 482.
[2] Handbuch S. 1071.

jedoch zu, daſs man auch die Banknote wegen ihrer nahen Verwandtschaft mit dem Papiergelde zum „Gelde" im weiteren Sinne zählen dürfe (a. a. O. S. 377).

In diesem Paragraphen darf ich wohl auch auf diejenigen Juristen hinweisen, welche die Banknote nur dann als Geld betrachten wollen, wenn ihr ein Zwangskurs beigelegt ist, die also lediglich die vom Staate dekretierte Annahmepflicht als die Natur des Geldes ansehen wollen. Hierher gehört z. B. Thöl, Nebenius, Morstadt; auch Drews scheint sich in seiner an inneren Widersprüchen freilich nicht freien Untersuchung diesen „Zwangskurstheoretikern" anschlieſsen zu wollen. Er faſst das Resultat seiner Arbeit folgendermaſsen zusammen: „Banknoten sind vom Papiergeld stets zu scheiden, sowohl dem rechtlichen Wesen als den wirtschaftlichen Wirkungen nach, wenn auch ihre gemeinsame Funktion als Umlaufs- und Zahlmittel sie äuſserlich nähert. Juristisch können sie eigentliches Geld nie, entlehntes im normalen Falle auch nicht, sondern nur dann sein, wenn ihnen Zwangskurs beigelegt ist." Aber, obwohl Drews verlangt, daſs die Banknoten „stets" vom Papiergelde zu scheiden seien, sowohl im wirtschaftlichen wie im rechtlichen Sinne, glaubt er doch beifügen zu müssen „ökonomisch gehören die Banknoten entschieden zu dem, was in diesem Sinne Geld genannt wird!" Dieses Ergebnis kommt einem schon an sich etwas „böhmisch" vor, es wird geradezu rätselhaft, wenn man sich daran erinnert, daſs er etliche 40 Seiten vorher erklärte, ein Schein, der die Aufschrift trage: „Dieses Stück Papier nehme ich jederzeit für 10 Mark in Zahlung", sei Papiergeld[1]!

§ 16. B. „Die Banknote ist eine Art Geld."

„Ein solch Papier, an Gold und Perlen statt,
Ist so bequem, man weiſs doch, was man hat!"

(Mephistopheles, Faust II. Teil.)

1. Die Nationalökonomen.

Es kann kein Zweifel sein, daſs sich diejenigen Nationalökonomen, welche die Banknote für eine Art Geld halten,

---

[1] a. a. O. S. 48 und 49.

in der Minderzahl befinden. Freilich haben sie unter sich keinen geringeren Gewährsmann als den „Vater der National-ökonomie“, Adam Smith. Er erklärt: The substitution of paper in the room of Gold and silver money, replaces a very expensive instrument of commerse with one much less costly and some times equally convenientz;“ er weist dann darauf hin, daſs es verschiedene Arten von Papiergeld gebe, but the circulating notes of banks and bankers are the species which is best known[1]. — Noch schärfer spricht sich Ricardo für die Geldqualität der Banknote aus; er meint geradezu, daſs nach Errichtung der Notenbanken der Staat nicht mehr allein die Macht zu Münzen oder Geld in Umlauf zu setzen habe. „Das Umlaufmittel kann in Wirklichkeit durch Papier ebensogut wie durch Münzen vermehrt werden; sodaſs, wenn ein Staat damit umginge, sein Geld zu verschlechtern und dessen Menge zu verringern, er dessen Tauschwert nicht halten könnte, weil die Banken eine gleiche Macht haben würden, zu der Gesamtmenge von Umlaufmitteln noch das ihrige hinzu-zuführen[2].“

Eine einfache, und wie mir scheint vollkommen zutreffende, Antwort auf unsere Frage giebt Walker[3]. „So long as the paper passes from hand to hand and is accepted, with or without force of law, by the creditor in final discharge of debts or by the seller in full payment for goods, without further resort it must be deemed to be money.“ In einem ähnlichen Gedankengange scheint die Ansicht Lord Mansfields zu wurzeln: „Banknoten sind wie die Wechsel, nur Sicher-heiten oder Schulddokumente, auch werden sie nicht als solche angesehen, sondern sie werden in dem Geschäftsverkehr nach der allgemeinen Übereinstimmung der Menschen als Geld be-handelt und bei der Auszahlung derselben werden die

---

[1] l. c. book II ch. 2.
[2] Ricardo a. a. O. S. 387. Vgl. auch desselben Autors Propo-sals for an economical and secure currency 1816. Auszugsweise wieder-gegeben in der Baumstarkschen Übersetzung.
[3] l. c. p. 12.

Quittungen, falls solche verlangt werden, immer so wie für Geld und nicht wie für Sicherheiten ausgestellt[1]."

Von den Franzosen, die sich für den Geldcharakter der Banknote ausgesprochen, sei nur Henri Storch citiert: er hält die Banknote für ebenso wertvoll wie Gold- und Silbergeld, weil man sie ja in jedem Augenblicke in Bargeld umsetzen könne: „Tout ce qui se vend et s'achète avec ce papier doit necessairement se vendre s'acheter à aussi bon marché qu' avec de la monnaie d'or et d'argent[2]."

Besonders in der deutschen socialökonomischen Litteratur hält die weitaus herrschende Meinung — freilich mit mannigfachen Modifikationen wie wir gesehen haben — die Banknote nicht für eine Art Geld. Von jüngeren, noch lebenden Gelehrten kann man allenfalls G. Schmoller als Anhänger der Meinung bezeichnen, welche der Banknote Geldqualität beilegt. Bei einer Besprechung von Wagners System der Zettelbankpolitik betont er, daſs „namentlich in Deutschland bei der groſsen Neigung aller Privaten, groſse Barvorräte, besonders in Noten, zu halten, bei der Unklarheit des Publikums über den Gegensatz von Papiergeld und Note, die Noten ‚so ziemlich' als Geld fungierten[3]." Und auch von älteren Autoren dürfen manche, die scheinbar für den Geldcharakter der Banknote eintreten, doch nur sehr bedingt hier angeführt werden, weil sie überhaupt die Geldnatur des „Papiergeldes" leugnen, so z. B. Rau[4], der behauptet, das, was man Papiergeld nenne, habe seinem Wesen nach nur die Eigenschaft eines allgemeinen Umlaufmittels, es sei nicht zugleich auch Preismaſs; demzufolge findet er es natürlich ganz unbedenklich, die Banknote ein „Privatgeldpapier" zu nennen. Scheidet man diejenigen, die ähnlicher Ansicht sind wie Rau, aus, so wüſste ich nur noch L. v. Stein und J. G. Hoffmann zu nennen: der letztere

---

[1] Chitty on Bills, 8th editions p. 555. Cit. bei Mc. Culloch a. a. O. S. 118, dessen eigene Ansicht sich im wesentlichen mit derjenigen Mansfields deckt.

[2] l. c. S. 362.

[3] Z. Bd. XVII S. 656 n. 1.

[4] Lehrbuch S. 371.

legt dem Geld drei verschiedene Bedeutungen bei; eine derselben sieht in ihm „das Werkzeug, wodurch Macht zu kaufen
übertragen wird"; hierzu rechnet er auch die Banknoten,
„soweit der Glaube reicht, daſs die Banken — welche diese
Papiere ausgestellt haben — wirklich im Besitze des Betrages
von Macht zu kaufen waren, den sie durch diese Papiere
übertragen [1]." Einfach und klar ist die Ansicht Steins: er
unterscheidet zwischen Papierwährungsgeld und Papiergeld
ohne Währungsfunktion. Das letztere definiert er als „diejenige Art des Geldes, dessen Substanz, Produktion und Kon-
sumtion auf der Natur des Papieres beruhe, deren Geldeinheit
die Münzeinheit, deren Währung aber die der Metallmünze
ist." Dies genügt seiner Ansicht nach, damit ein Papier „der
Idee des Geldwesens entspreche"; so muſs er natürlich zu
dem Ergebnisse · kommen, daſs die Banknote eine Art
Geld ist[2].

Eine ganz eigenartige Antwort auf unsere Frage geben
der Franzose Victor Modeste[3] und der Italiener Cernuschi[4],
insofern beide zwar an dem Geldcharakter der Banknote nicht
zweifeln, diese aber übereinstimmend als „Falschgeld", „fausse
monnaie" bezeichnen. „Le billet de banque," meint ersterer,
„a tous les caractères économiques, tous les effets économiques
de la fausse monnaie. Il est aussi peu avoué par la morale
que par l'économie politique." Wie wenig richtig dieser Ge-
dankengang ist, werden die folgenden Ausführungen lehren.

2. Die Juristen.

Im Gegensatz zu den Nationalökonomen scheint doch die
Mehrzahl der deutschen Juristen die Banknote für eine Art
Geld zu halten. Auch hier können zunächst eine Anzahl

---

[1] a. a. O. S. 11.
[2] Volkswirtschaftslehre S. 112 ff. Vgl. auch den entsprechenden
Abschnitt in Steins Verwaltungsrecht. Stuttgart 1884.
[3] In seiner Schrift „Contre le billet de banque".
[4] Le billet de banque d'émission et la fausse monnaie, Journal
des Econ. 66 III S. 181 ff.

ältere Gelehrten genannt werden: Zeiller, Zachariae, v. Gonner, Ladenburg, Mittermaier und manche andere. Auch Josef Unger tritt entschieden dafür ein, dafs die Banknote als Papiergeld zu betrachten sei. „Wer für etliche Stücke Banknoten eine Sache an sich bringt, hat nicht getauscht, sondern gekauft." Freilich erscheint die Banknote nach seiner Ansicht nicht als Papiergeld „in reiner Gestalt"; der Umstand, „dafs sich an sie ein abstraktes schriftliches Zahlungsversprechen anschliefst, giebt ihr einen zwitterhaften Charakter, sie ist sowohl Papiergeld als Zahlungsversprechen[1]." Ähnlich wie Unger scheint Bluntschli sich das Verhältnis der Banknote zum Gelde zu denken, wenn er die Banknote, „obwohl die äufsere Form einer Forderung nachbildend", von den Inhaberpapieren ausscheidet und als „dem Papiergelde analog" erklärt[2].

Souchay betrachtet die Banknote als ein „konventionelles Papiergeld", — weil sie „Inhaberpapier" ist; da es gegen die gewöhnlichen Rechtsbegeriffe sei, dafs jemand durch den blofsen Besitz eines über ein Darlehen ausgestellten Dokuments die Rechte eines wirklichen Gläubigers erwerbe, wenn er nicht allein unvermögend sei, darzuthun, dafs ihm dieselben auf legitimem Wege übertragen worden seien, sondern wenn ihm sogar das Gegenteil erwiesen werden könne, so folge daraus, dafs sie als Schuldverschreibungen gar nicht existieren könnten, sie seien etwas anderes — nämlich Geld[3].

Von älteren Schriftstellern, die sich aufser den genannten mit unserer Frage beschäftigt haben, verdient aber ganz besonders Beachtung der bereits mehrfach citierte G. Hartmann. Er knüpft die Begriffsbestimmung des Geldes im weiteren Sinne an eine im Verkehr faktisch gegebene Zweckbestimmung

---

[1] a. a. O. S. 6 ff.

[2] Deutsches Privatrecht II S. 22, cit. bei Kuntze S. 480. Die Ausführungen Ungers erinnern an Windscheids Bemerkungen zu unserer Frage: er hält die Banknote, weil sie zugleich Träger eines Forderungsrechts sei, für „mehr als das eigentliche Papiergeld". Pandekten Bd. II S. 34 N. 34; vgl. auch Savigny a. a. O. S. 413.

[3] Archiv N F. Bd. IX (1851) S. 155

an, wenn er meint, daſs das Wesen dieses Geldes darauf beruhe, daſs es als solches keinen anderen Gebrauchszweck
und -wert hat, als den: „Instrument des Verkehrs" zu sein
(a. a. O. S. 34); und so kommt er denn zu dem Resultate,
daſs die Banknote, obwohl sie „nach ihrem historischen Ursprung aus den alten Depositenbanken und besonders nach der
Fassung, welche noch heutzutage diesen Noten übereinstimmend
gegeben zu werden pflegt, als Träger einer Obligation auf-
zufassen sei" (a. a. O. S. 61), daſs sie trotzdem, weil sie „ihren
ganzen Sinn und ihre ganze Bestimmung nur darauf habe,
gleich den geprägten Münzen verausgabt zu werden und
dauernd von Hand zu Hand zu gehen" (a. a. O. S. 33) unter
den allgemeinrechtlichen Begriff des Geldes falle.

Womöglich noch entschiedener als diese älteren sprechen
sich die meisten jüngeren Juristen für die Geldnatur der Banknote aus. Schon W. Endemann[1] sagt knapp und präcis:
„Die Banknoten werden nicht geschaffen, um Schuldurkunden
in die Welt zu setzen, sie sollen denselben Dienst leisten, den
das Papiergeld leistet, sie sollen Zahlmittel sein, sie sind dazu
bestimmt, als Geldzeichen die Stelle des baren Geldes zu vertreten, mithin Papiergeld"[2]. Ähnlich Beseler: „In wirtschaft-
licher und rechtlicher Hinsicht sind die Banknoten unter dem
Papiergeld mitbegriffen; denn das Wesentliche ist, daſs sie
dazu bestimmt sind, als gesetzliches Zahlungsmittel zu fungieren"[3]. Brunner[4] und Regelsberger[5] stimmen darin über-
ein, daſs die Banknote zugleich Forderungspapier und Papiergeld sei, jenes nur gegen den Aussteller, dieses gegenüber
Dritten. Der Präsident des Reichsbankdirektoriums R. Koch
schlieſst sich namentlich in seiner Abhandlung: „Geld und
Geldwertzeichen" in Endemann's Handbuch, äuſserlich an Gold-

---

[1] Im wesentlichen übereinstimmend Georg Hirth, Die Lösung
der Banknotenfrage. Annalen 1874. S. 1631 ff.
[2] Rechtsgutachten in der Papiergeld- und Banknotenfrage. An. III
S. 384.
[3] Deutsches Privatrecht I, S. 504.
[4] Endemann, Hdbch. Bd. II S. 204.
[5] Pandekten Bd. I S. 404.

schmidt an, bei näherem Zusehen findet man jedoch, daſs er in der Regel ohne weiteres alle rechtlichen Eigenschaften des Papiergeldes auch der Banknote beilegt. Gierke bemerkt dazu ganz zutreffend: „Ein Vergleich der vom Verfasser für die Banknote aufgestellten materiellen Rechtssätze mit den vorher für das Papiergeld entwickelten Regeln zeigt, daſs der angebliche Wesensunterschied sich praktisch in nichts auflöst" [1]. Gierke selbst spricht bei Gelegenheit der Besprechung des Koch'schen Werkes seine Ansicht dahin aus, daſs „in allen wesentlichen Punkten gerade nach deutschem Recht das Recht der Banknote mit dem Recht des Papiergeldes übereinstimme" [2]. Auch in den Lehrbüchern des bürgerlichen Rechts von Cosack und Matthiaſs wird den Banknoten Geldqualitität beigelegt; ersterer definiert Geld als die Sachen, „welche in erster Reihe dazu bestimmt sind, als Tauschmittel zu dienen" [3], letzterer unterscheidet zwischen Geld „kraft Gewährung und Bestimmung des Verkehrs" und Geld kraft „Rechtssatzes"; „Verkehrsgeld" sind für ihn im Gegensatz zu Wechsel, Anweisungen, Cheks, Reichsschatzanweisungen, auch die Banknote [4][5].

---

[1] Z. XXIX S. 251.

[2] a. a. O. S. 254.

[3] a. a. O. S. 134.

[4] a. a. O. S. 139. Vgl. Dernburg, Das bürgerliche Recht a. a. O u. Pandekten 5. Aufl. Bd. II S. 77: „Der Staat schafft Saatsgeld, aber er verbietet nicht den Umlauf anderen ‚freien‘ oder ‚usuellen‘ Geldes." Solches Geld bilden nach Dernburg in Deutschland auſser den Reichs-kassenscheinen auch die Banknoten.

[5] Ebenso verschieden wie die Ansichten der Theorie sind die der Praxis der höchsten Gerichte zu Grunde liegenden Anschauungen. So erging z. B. am 23. März 1853 ein Erkenntnis des Hofgerichts zu Darm-stadt, daſs Papiergeld überhaupt kein Geld sei („dem Papiergeld geht die Eigenschaft des Metallgeldes ab, den angegebenen Wert des Ver-mögensstückes auch in sich selbst zu haben; an sich selbst so gut wie wertlos, gilt es nur durch die Autorität des Staates, der es mit einem Wertzeichen versieht und in ihm nicht das Geld selbst, sondern nur eine Anweisung zum Empfange von Metallgeld giebt. Wer in Papier-geld zahlen will, will aliud pro alio hingeben"). Vgl. Bopp, Beiträge

II. Eigene Ansicht.

§ 17. 1. Im allgemeinen.

Im ersten Teile dieses Abschnittes war es mein Bestreben,
indem ich die einzelnen Ansichten über das Verhältnis der
Banknote zum Gelde anführte, damit zugleich einen Überblick
der verschiedenen Gründe zu geben, die für und gegen die
Geldqualität der Banknote ins Feld geführt werden. Wenn
wir diese gegeneinander abwägen und uns zugleich an das
in den beiden ersten Abschnitten Gesagte erinnern, so kann
es nicht zweifelhaft sein, wie die Antwort auf die gestellte
Frage zu lauten hat: die Banknote ist ganz ohne Zweifel
wirtschaftlich sowohl wie rechtlich eine Art Geld, eine Art
Papiergeld. Freilich soll und darf diese Antwort keine absolute, unter allen Umständen passende sein; nicht jedes Stück
Papier, das den Namen Banknote trägt, ist deswegen auch
schon Papiergeld. Manche Schriftsteller, die entschieden gegen
die Bezeichnung der Banknote als „Geld" aufgetreten sind,
mögen vielleicht angesicht des Zustandes, in welchem sich das
Zettelbankwesen gerade zu ihrer Zeit befand, vollkommen
Recht gehabt haben; wenn z. B. berichtet wird, daß eine
Notenbank eines deutschen Kleinstaates ihre Mittel in einer

---

zur Benrteilung der oberstrichterlichen Rechtsübung. Stuttgart 1862.
Nr. XXXI. Dagegen erkannte der I. Senat des Königl. Rhein. Appellations-
gerichts am 25. März 1850: „Banknoten und Kassenanweisungen sind
namentlich im Handelsverkehr als ein reelles und gültiges Zahlungsmittel zu betrachten." Vgl. Archiv für Civil- und Kriminalrecht der
preufs. Rheinprovinz Bd. VL Teil I Nr. 58. Ebenso hielt das Königl.
Obertribunal in Berlin die preufsischen Banknoten für Geld („Unter
preufsischem Courant sei nicht blofs das nach dem Münzfufse von 1764
ausgeprägte Silber, sondern auch die preufsischen Kassenanweisungen
und preufsischen Banknoten begriffen"). Vgl. Entscheidungen des
Königl. Obertribunals Bd. LXX. Berlin 1873. S. 341. Entgegengesetzter Ansicht ist das Reichsgericht. Es erklärt (Entscheidungen
Bd. XXII S. 267), dafs die Reichsbanknoten nicht Geld, sondern nichts
als Inhaberpapier seien. Vgl. ferner Striethorst, Arch. f. Rechtsfälle.
Berlin 1862. Bd. IVL S. 8. Busch, Arch. f. Handelsrecht Bd. XI
S. 265, Bd. XXXIV S. 338 Nr. 133.

Cigarrenfabrik und in einer Fabrik für moussierende Weine
anbrachte, von einer anderen, daſs sie ein Bergwerk unter
der Bedingung kaufte, daſs die Kaufsumme mit ihren Noten
bezahlt wurde[1], und wenn wir, auch abgesehen von solchen
Einzelheiten, nur an das denken, was in § 13 dieser Arbeit
über die Zustände des Notenbankwesens in Deutschland vor
1870 gesagt wurde, dann versteht man es allerdings recht
wohl, daſs damals Wissenschaft und V e r k e h r sich manch-
mal sträubten, der Banknote Geldqualität beizulegen. Aber
man darf nicht das Kind mit dem Bade ausschütten und nicht
auf Grund von Zuständen, die man gerade vor sich sieht, zu
sehr generalisieren. Wenn Verfasser hier durchaus für den
Geldcharakter der Banknote eintritt, so hat er damit lediglich
die Noten der Banken im Auge, bei welchen zugleich der
Staat nach den oben entwickelten Grundsätzen darüber wacht,
daſs sie ihre Aufgabe, als Geld zu dienen, auch in Wirklichkeit erfüllen. Auch hier muſs allerdings wieder gewarnt werden
vor einer Überschätzung des staatlichen Könnens. Wohl vermag der Staat die als Verkehrsgeld dienende Banknote auf
die höhere Stufe des Währungsgeldes zu erheben, keineswegs
aber kann er ihre Geldeigenschaft ohne weiteres hinweg-
dekretieren. Wenn daher z. B. auch das preuſsische Gesetz
vom 25. Mai 1857, betr. das Verbot der Zahlungsleistungen
mittelst ausländischer Banknoten und Wertzeichen, bestimmt,
daſs der, welcher ausländische Wertzeichen zur Leistung von
Zahlungen ausgebe oder anbiete, mit einer polizeilichen Geld-
buſse bis zu 50 Thalern bestraft werde, so läſst es sich doch
wohl denken, daſs in manchen Gegenden, namentlich etwa in
Grenzdistrikten, trotz der Strafandrohung ausländische Banknoten als „Verkehrsgeld" kursieren[2].

Im folgenden gilt es die hier verfochtene Ansicht, daſs

---

[1] Vgl. Scharling a. a. O. S. 218 N. 2.
[2] Mit dieser Möglichkeit rechnet übrigens auch der Gesetzgeber
Im Schluſsparagraphen des angezogenen Gesetzes heiſst es ausdrücklich,
daſs das Gesetz im Wege königlicher Verordnung für einzelne Landes-
teile auſser Anwendung gesetzt werden kann, was auch thatsächlich
wiederholt geschehen ist. Vgl. G.S. 1857 S. 1036; 1864 S. 313.

unsere deutschen Banknoten als eine Art Geld zu betrachten seien, besonders auch mit Rücksicht auf die gegnerischen Meinungen, noch etwas näher zu begründen.

§ 18. 2. Die wirtschaftliche Geldqualität der Banknote.

Bereits mehrfach hatte ich Gelegenheit darauf hinzuweisen, daſs ich die besonders von der Bankingschool vertretene Ansicht, zwischen Banknoten und Kreditpapieren (Wechsel, Check etc.) bestehe kein wesentlicher Unterschied, nicht teile. Eine beachtenswerte Verschiedenheit liegt gewiſs schon darin, ob irgend etwas als Zahlmittel benutzt wird, und ob es zu diesem Zwecke speciell ausgestellt wurde. Wie Endemann sagt: „Es liegt ein groſser Unterschied darin, ob das Papier nur Zahlungsmittel sein kann, in dem Sinne, wie in letzter Linie jede Wertsache oder jeder Wertträger, eben weil er einen gewissen übertragungsfähigen Wert in sich hat, zur Zahlung oder Wertübertragung gebraucht zu werden vermag — oder ob dasselbe eigens dazu bestimmt ist, Zahlungsfunktion zu haben"[1]. Während der Wechsel und überhaupt die groſse Mehrzahl der Kreditpapiere in der Regel nur dem Bedürfnisse einer Stundung der Zahlung oder der Übertragung einer Forderung ihren Ursprung verdanken, ist es gerade der primäre Zweck der Banknote, die Stelle des Metallgeldes zu vertreten; nicht wird sie im Gegensatz zu allen Kreditpapieren um „individueller Geschäftszwecke und Veranlassungen" willen ausgegeben.

Was speciell den Wechsel anbetrifft, so darf man doch nicht aufser acht lassen, daſs er, wenn er als Zahlmittel Verwendung finden soll, immer erst eine besondere Wertbestimmung (Diskontierung) erfordert; jeder, der einen Wechsel nimmt, ist sodann mit Rücksicht auf seine eigene Sicherheit verbunden, die Unterschriften zu prüfen, und endlich erfreut sich der Wechsel nur eines vorübergehenden Daseins, da er dazu bestimmt ist, am „Verfalltage" einkassiert zu werden[2]. Übrigens

---

[1] Rechtsgutachten a. a. O. S. 381.
[2] cf. Seyd, Bullion and foreign exchanges. London 1868. Gold, silver and copper coins and banknotes, pass current, from hand to hand

ersetzt der Wechsel — im Gegensatze zur Banknote — als solcher noch kein Geld. R. Hildebrand hebt dies mit besonderem Nachdrucke hervor, indem er ausführt, der Wechsel diene in der Regel nur dazu, Forderungen von Personen zu Personen zu übertragen oder von einem Platze auf den anderen, d. h. eine Zahlung an Stelle einer anderen zu setzen, oder Zahlungen par distance in Zahlungen am Platze zu verwandeln, wodurch allerdings eine ausgedehntere Anwendung des Kompensationsverfahrens ermöglicht, aber doch unmittelbar noch kein Geld erspart werde[1]. Ebenso erhebliche Unterschiede ergeben sich, wenn wir die Banknote mit dem Check vergleichen: der Check will immer zur Zahlung präsentiert sein, ganz das Gegenteil ist bei der Banknote der Fall, wie weiter unten näher zu zeigen ist. Schon aus dem Grunde, weil der Checkinhaber nur selten bestimmt wissen wird, ob der Aussteller wirklich bei der Bank ein entsprechendes Guthaben stehen hat, und die Bank infolgedessen anstandslos zur Honorierung bereit ist, wird in der Regel jeder Check von dem Empfänger sofort zur Zahlung präsentiert. Der Check sowohl wie der Wechsel schließlich sind auf ganz zufällige Summen ausgestellt, während die Banknote nur auf die runde Summe lautet.

Man wendet nun ein, die Banknote könne unmöglich „Geld" sein, weil sie sozusagen auf der Stirne trage, daß sie „Forderungspapier" sei. Aber ich meine, daß der Umstand, daß die Banknote zugleich auch ein wirkliches Recht auf Einlösung in sich schließt, nie und nimmer geeignet sein kann, ihr den Geldcharakter zu nehmen, zumal diese Forderung einen eigenartigen Charakter, eine ganz eigenartige Gestaltung annimmt. Höchst auffallend ist zunächst der Umstand, daß sie unverzinslich ist; „eine unfruchtbare Obligation gilt aber," wie Kuntze meint, „im Verkehre überhaupt kaum als Obligation"[2].

without restrictions; they are therefore called „currency". Bills of exchange are not currency, their transmission does not take place in the same free and simple manner."

[1] a. a. O. S. 51.

[2] Inhaberpapiere S. 483.

Gerade aus dieser Unverzinslichkeit geht recht deutlich hervor, daſs der Verkehr die Banknote nicht wegen ihrer Leistungsfähigkeit als Geldforderungsschein, sondern wegen ihrer Leistungsfähigkeit für den Zahlungsmitteldienst schätzt, und der Einzelne zeitweilig in seinem „Kassenvorrat für Barzahlungen" aufbewahrt; „es ist ein unverständiger und schlechter Hauswirt", sagt Knies, „wer, sei es Papier- und Metallgeldvorräte, sei es Banknoten, ‚müſsig' liegen läſst, wenn seine Entschlieſsung nicht gerade durch die Erwägung bestimmt werden muſs, daſs ihm zur Zeit nicht mit einem Vorrate von Geldforderungen, sondern nur mit einem Vorrate von Zahlungsmitteln gedient ist." Wem von den Tausenden und wieder Tausenden, die Banknoten in die Hand bekommen, wird es auch einfallen, diese nach Berlin oder Frankfurt oder München zu senden, um dort „Hartgeld" für sie zu bekommen! Gerade auf der Thatsache, daſs die Noten nur ganz ausnahmsweise zur Einlösung präsentiert werden, baut sich ja, wie wir gesehen haben, das ganze Notenbankwesen auf: es ist geradezu ein Lebensinteresse für jede Bank, daſs die Note möglichst lange nicht ausgeliefert, möglichst lange als „Geld" benutzt werde. Mit Rücksicht darauf wird alles Individuelle aus den Noten ferngehalten, sie werden auf runde Summen ausgestellt, groſse Mengen von Einzelnoten, die auf gleich groſse Beträge lauten, werden zur Erleichterung des Rechnens und der Zahlung ausgegeben; zunächst und zu wiederholten Malen enthalten die Noten die Summe Geldes, auf welche sie lauten; das noch dabei gedruckte Versprechen, dem Überbringer die bezeichnete Summe in Metallgeld auszuzahlen, wird schon äuſserlich durch kleineren Druck, als, ich möchte geradezu sagen, „Nebensächliches" charakterisiert. Endlich ist das Forderungsrecht mit der Banknote so verbunden, daſs beide nicht mehr „dismembrierbar" sind: Verlust des Papieres ist mit absolutem Wertverlust verbunden, da es ein Aufgebotsverfahren für die Banknote nicht giebt[1] und andererseits kennt man keine Verjährung des durch die Banknote repräsen-

---

[1] Ein solches giebt es zwar auch nicht für Coupons, aber wenn ein solcher abhanden gekommen oder vernichtet ist, so kann der bis-

tierten Anspruches, kurz, es kann kein Zweifel sein, daſs die auf der Banknote stehende „Einlösungsklausel" in erster Linie nicht als „Ausdruck des Schuldwillens" da ist, sondern nur als Hülfsmittel zur Aufrechthaltung des Kredits[1].

Aber abgesehen von alledem, glaube ich, daſs gerade die Nationalökonomen Unrecht thun, zur Begründung eines Unterschiedes zwischen Banknote und Geld auf die mit der ersteren verbundene Forderung so auſserordentlich groſses Gewicht zu legen. Ist denn nicht auch im Metallgeld', um von dem Papierwährungsgelde ganz abzusehen, eine gewisse „Forderung", wenigstens im socialökonomischen Sinne, eingeschlossen? Darf man nicht mit vollem Fug und Recht behaupten, daſs das einzelne Individuum, indem es ein Geldstück vielleicht für geleistete Arbeit in Empfang nimmt, damit zugleich eine Forderung gegen die Gesamtheit erwirbt, eine Forderung auf Grund des „Gesellschaftsvertrages", der das Geld „zum abstrakten Mittel zur Auflösung aller Vermögensstücke in bloſse Quantitäten macht?" Wie sagt doch Bastiat: „Vaus avez un écu. Que signifie-t-il en vos mains? Cet écu témoigne que vous avez rendu un service à la société ... Il témoigne, en outre, que vous n'avez pas encore retiré de la société un service réel équivalent, comme c' était votre droit. Pour vous mettre à même de l'exercer, quand et comme il vous plaira, la société vous a donné un titre, un bon de la République...[2]"

Ich komme zum letzten beachtenswerten Einwand, den

---

herige Inhaber, wenn er den Verlust dem Aussteller vor dem Ablaufe der Vorlegungsfrist angezeigt hat, doch immerhin nach dem Ablaufe der Frist die Leistung von dem Aussteller verlangen. Vgl. B.G.B. 804. 805.

[1] So auch schon in Seufferts Archiv für Entscheidungen der obersten Gerichte Bd. X (1856) S. 117: „Die Einlösungsverpflichtung bei der Banknote ist nur Mittel zum Zwecke der Emission des fraglichen Papiers, nämlich um demselben die Erfüllung seiner Bestimmung, den Umlauf als Geld, zu sichern. Die Schuldbriefe auf den Inhaber dagegen sind nicht bestimmt, als Träger des allgemeinen Tauschmittels im täglichen Verkehr von Hand zu Hand zu gehen, sondern als Träger und Beweismittel einer Forderung zu dienen."

[2] Maudit argent p. 80, çit. bei Macleod a. a. O. S. 651.

man gegen die wirtschaftliche Geldqualität der Banknote macht:
sie habe keinen „inneren Wert". Was von diesem Einwand
zu halten ist, suchte ich bereits im ersten Abschnitt darzulegen;
ich darf also wohl hier auf das dort Gesagte Bezug nehmen.
Nötig scheint es mir aber, an dieser Stelle auf den inneren
Widerspruch hinzuweisen, den man vielfach, fast regelmäfsig,
bei den Gegnern der hier vertretenen Ansicht findet. Mit
wenigen Ausnahmen (z. B. Knies, Hildebrand) tragen diese
kein Bedenken, das Papierwährungsgeld als Geld im volkswirtschaftlichen Sinne zu betrachten (vgl z. B. Wagner, Geld
und Kredittheorie S. 63), und doch scheint dieses ebensowenig
als „Wert an sich" wie die Banknote, es bezieht sich und
lautet wie diese auf Metallgeld. „Kann denn," frage ich mit
Knies[1], „eine Staatsgewalt, und wäre sie die gewaltsamste und
hartnäckigste, einem Gegenstande, der als solcher für das
Wirtschaftsleben der Menschen keinen Tauschwert hat, mittelst
einer Vorschrift Tauschwert schaffen?" Kann die Staatsgewalt
wirklich einem Stück Papier den Wert einer gewissen Anzahl
Goldstücke verleihen? Die Bejahung dieser Frage ist ebenso
absurd, wie etwa die · Behauptung, der „allmächtige" Staat
vermöge aus Papier Gold zu machen. Der Staat vermag ein
Recht, nie aber einen Wert zu geben, dieser letztere ist ganz
und gar ein Produkt des menschlichen Willens. Der Mangel
der „unmittelbaren nationalökonomischen reellen Unterlage"
kann auch keineswegs durch eine „publizistische Fiktion der
Immanenz", wie Kuntze meint, ersetzt werden; ebensowenig
führt die Ansicht Strölls[2] zu einem haltbaren Resultat, der
behauptet, von Fiktion könne man nur bei der Banknote
sprechen, „beim Staatspapiergelde dürfe der Begriff Illusion
der richtigere sein," da das Papiergeld an sich nichts weiter
darstelle, „als eine Summe völlig wertloser Papierblätter, in
denen die moderne Staatsfinanz eines ihrer famosesten und
zugleich einträglichsten Wunder verrichtet habe."
Eliminieren wir die Begriffe „Wunder", „Illusion" und ähnliche
aus der Erörterung, so stehen wir vor der Alternative: ent-

---

[1] Geld S. 189.
[2] a. a. O. S. 6 u. 7.

weder giebt es überhaupt kein Papiergeld oder aber auf den sogenannten „inneren Wert" kommt es nicht an. Nur wenige sind konsequent genug gewesen, die erstere Folgerung aus ihrer Prämisse zu ziehen: Hildebrand z. B. spricht es in der That offen aus, dafs es in einem Lande, in welchem die Papierwährung sich völlig durchgesetzt habe, überhaupt kein Geld mehr gebe! Die Konsequenz wird aber wohl mehr als theoretische Erwägungen klar legen, dafs auch dieser letzte Einwand gegen den Geldcharakter der Banknote völlig unhaltbar ist. Die Banknote ist im wirtschaftlichen Sinne eine Art Geld, nämlich Kreditgeld; und zwar ist sie keineswegs ökonomisches „Falschgeld" (siehe Seite 61). Ich würde den hiergegen geltend gemachten Grund überhaupt nicht erwähnen, wenn nicht · so hervorragende Denker wie Victor Modeste und Cernuschi ihn so lebhaft verteidigten. Mit Emphase ruft Modeste aus: Votre payment à vue est immpossible! Est-il honnête de dire et d'écrire: Ceci est payable à vue, quand on sait, qu'on ne pourrait payer à vue? Ich möchte dem Franzosen antworten mit den Worten seines Landsmannes Courcelle Seneuil: Prévisions et probalités, sans aucun doute! Il n'y a dans tout cela nulle certitude absolue... Nous agissons et vivons sur des probabilités fondées sur les habitudes (Journ. des Econ. 66 III S. 314).

§ 19. 3. Die rechtliche Geldqualität der Banknote.

Bereits als es galt, die geschichtliche Entwicklung der Banknote zu schildern, wurde angedeutet, dafs diese vielfach die Stelle des Papierwährungsgeldes versah. Als „vollkommenes" Papierwährungsgeld (siehe § 9 d. A.) wurden z. B. während der ersten Regierungsjahre Louis XV. die berüchtigten Lawschen Zettel benutzt, ferner die Noten der Banken von England während der Zeit der sogenannten Bankrestriktion, die Noten der Österreichisch-Ungarischen Bank (der früheren Österreichischen Nationalbank), von 1848 bis zur Gegenwart mit wenigen Unterbrechungen, die Noten der Banken von Frankreich von 1848—50 und wiederum 1870. Unvollkommenes, d. h. mit Zwangskurs versehenes aber einlösbares Papier-

währungsgeld sind namentlich die Noten der Bank von England. Sie sind seit dem Jahre 1833 gesetzliches Zahlungsmittel
(legal tender) jedes Privaten gegenüber seinem privaten
Gläubiger, solange die Noten von der Bank prompt eingelöst
werden. Gegenwärtig sind auch noch die Reichsbanknoten
Schwedens auf Grund des Gesetzes vom 12. Mai 1897 unvollkommenes Papierwährungsgeld. Diejenigen, welche überhaupt ein „Papiergeld" anerkennen, zweifeln in ihrer grofsen
Mehrzahl nicht an dem Geldcharakter dieser „entarteten"
Banknote. Die Währung wird ja geschaffen durch den Rechtssatz, nicht erst durch die „Produktion"; dieser letztere faktische
Akt kann ganz wohl einzelnen Privatunternehmern überlassen
werden. In solchen Fällen handelt der Ausgeber nur als
Stellvertreter des Staates[1].

Schon darin, dafs die Banken kraft gesetzlicher Vorschrift
sofort und ohne weiteres die Leistung des Papierwährungsgeldes übernehmen konnten, liegt ein Beweis dafür, dafs die
Banknote auch vor Eintritt jener Bestimmung dem Gelde zum
mindesten sehr nahe verwandt gewesen sein mufste. Man wird
gewifs niemals auch nur den Versuch machen z. B. Checks zu
gesetzlichen Zahlungsmitteln umzuwandeln, wie das ja bei der
Banknote so häufig und meist mit vollem Erfolge geschehen
ist. Dafs die Banknote bei ordnungsmäfsiger Verwaltung der
Bank im Verkehre durchaus als „Geld" betrachtet wird,
leugnet niemand; und nur verhältnismäfsig wenige verlangen,
dafs die Gesetzgebung diese Verkehrsanschauung nicht unbeachtet lassen soll, gar manche, die theoretisch entschieden gegen Charakterisierung der Banknote als Geld
auftreten, tragen keine Scheu, offen auszusprechen, dafs der
Gesetzgeber sich über diese „dogmatischen Principien" hinweg

---

[1] Vgl. Gesetz der Norddeutschen Bundes über die Ausgabe von
Banknoten vom 27. März 1870 § 5: Den Banknoten wird dasjenige
Papiergeld gleichgeachtet, dessen Ausgabe einem Bankinstitute zur Ver-
stärkung seiner Betriebsmittel übertragen ist, Z. Bd. XV S. 164. Vgl.
ferner § 8 des Gesetzes betr. Ausgabe von Reichskassenscheinen vom
30. Januar 1874 (R.G.Bl. S. 40) § 8.

setzen müsse und der Rechtssatz der „durchschnittlich an-
zunehmenden Privatabsicht" anzupassen sei [1].

Ich hoffe jedoch, schon bei der Auseinandersetzung meiner
Ansicht über den Begriff des Geldes hinreichend begründet
zu haben, daſs es keineswegs notwendig ist, einen Widerspruch
der Verkehrsauffassung mit „dogmatischen Principien" konstatieren zu müssen, um zu einem praktisch befriedigenden
Resultate zu gelangen. Vor allem möchte ich auch hier noch
einmal betonen, daſs der Zwangskurs allein keineswegs das
Kriterium des Geldes schlechtweg, sondern nur einer bestimmten, wenn auch vielleicht „höheren" Art des Geldes ist.
Ebenso kann er im besonderen als die conditio sine qua non
des Geldes im Rechtssinne betrachtet werden. Nur dann wird
man zu einem, sowohl die Theorie wie die Praxis, befriedigenden Ergebnisse kommen, wenn man neben das Geld im Rechtssinne ersten Ranges, das Währungsgeld ein solches zweiten
Ranges stellt, das Verkehrsgeld, und zu letzterem gehört eben
die Banknote. Zu einer solchen Lösung des Problems wird
man nicht nur gedrängt durch die Auffassung, die der Verkehr von der Banknote hat, auch die Stellung, die der Staat
ihr gegenüber einnimmt (siehe §§ 12 und 12 d. A.) läſst sich
voll und ganz nur begreifen, wenn man der Banknote rechtliche Geldqualität beilegt. Wenn die Banknote im Rechtssinne
nichts anderes war, als ein „simpler Schuldschein", dann wäre
es doch, um W. Endemanns Worte zu gebrauchen, „das
Wunderlichste und Ungerechtfertigtste von der Welt, daſs der
Staat einzelne Unternehmungen, die Zettelbanken, mit dem
Rechte, Schuldscheine in dieser Form auszugeben, ausschlieſslich privilegierte . . . und wenn, wegen der Stellung der
Scheine auf den Inhaber, nicht allen die Befugnis der Emission
zukommen sollte, so wäre doch nicht der mindeste Grund, in-

---

[1] So Kuntze a. a. O. S. 486. Ähnlich Knies, Geld S. 302: „Das
Interesse der Millionen von Menschen an dem Gebrauche der Banknote
ist kein anderes als ihr Interesse an dem Gebrauche des Landes-
geldes," — „der geldartige Gebrauch der Banknote in der Hand des
groſsen Volkes ist es, was heutzutage entschieden überwiegend zu be-
herzigen ist."

dem dieselbe so und sovielen Banken gewährt wird, sie anderen
grofsen, gleich kreditwürdigen Unternehmungen unzugänglich
zu machen[1]" Eine ganze Reihe von Bestimmungen der Banknotengesetzgebung lassen sich nur dadurch motivieren, dafs
die Ausstellung der Banknoten, weil sie im allgemeinen Be-
wufstsein dem Gelde als völlig gleich zur Seite gestellt wurden,
von der Staatsgewalt für einen Eingriff in ihre Münzhoheit
aufgefafst wurde, und deshalb der Staat berechtigt und verpflichtet war, Grenzen zu ziehen und nähere Regeln vor-
zuschreiben. Stein sagt geradezu: „Die Statuten der Gesellschaft werden daher zum Gesetz, und dieses Gesetz wird neben
dem Münzgesetz das Papiergeldgesetz des Staates[2]."

Halten wir hier einen Augenblick inne und suchen uns
ein Gesamtbild der bisherigen Erörterungen zu vergegen-
wärtigen, so werden wir uns gewifs sagen müssen, dafs es
geradezu unbegreiflich sein würde, wenn die Gesetzgebung
den Geldcharakter der Banknote unbeachtet liefse. In der
That genügt schon eine oberflächliche Prüfung unserer Gesetze,
um festzustellen, dafs ganz ohne Zweifel im Sinne unserer
deutschen Gesetzgebung die Banknote eine Art Geld, eine
Art Papiergeld ist; und zwar wird ihr Geldqualität beigelegt,
keineswegs „auf Kosten der Deutlichkeit und Klarheit" wie
Laband meint (a. a. O. S. 182). Dasjenige Gesetz ist doch
wohl das klarste und deutlichste, welches sich mit der allgemeinen Verkehrsauuffassung am wenigsten im Widerspruch
befindet.

Schon nach den Bestimmungen des preufsischen allgemeinen
Landrechts wurden die Noten der preufsischen Bank, welche
im wesentlichen dasselbe waren, wie die heutige Reichsbanknote — ausdrücklich bestimmte § 33 des preufsischen Bank-

---

[1] Rechtsgutachten a. a. O. S. 387.
[2] a. a. O. S. 121. Ähnlich Ricardo a. a. O. S. 387; vgl. Seite 59
Anm. 2 dieser Arbeit. In Band XI des Archivs für öffentliches Recht
S. 395 spricht Dr. Karl Helfferich von einem „Kassenkurs", der
den deutschen Banknoten beigelegt sei; während der gesetzliche Kurs
zur Annahme in Zahlung zwinge, habe der „Kassenkurs" den Zweck,
zur Annahme in Zahlung zu bestimmen.

gesetzes, daſs im Privatverkehre die Annahme der Note überall
eine freiwillige sei — als ein Papiergeld angesehen. Freilich
werden im A.L.R. die Banknoten „mit den Pfandbriefen und
und anderen auf jeden Inhaber lautenden Instrumenten" zusammengestellt[1]; ausdrücklich bestimmt ferner Teil I Titel II
§ 11: „Unter barem Vermögen wird nur geprägtes Geld, auſser
seltenen Münzen und Medaillen, ingleichen gemünztes Papier
verstanden." Aber im § 28 Teil I Titel XVI heiſst es: „Geschieht die Erfüllung der Verbindlichkeit des Schuldners durch
Geld oder durch Geld gleiche auf jeden Inhaber lautende
Papiere, so wird solches eine Zahlung genannt." Hier hatte
man wohl sicherlich unter Geld gleichen Papieren nur die
Banknoten im Auge[2]. Auch Koch schlieſst sich in seinem
Kommentar der Ansicht an, daſs die Noten der preuſsischen
Bank im Verkehre und juristisch als Papiergeld zu behandeln
seien[1]. Im Entwurfe eines bürgerlichen Gesetzbuches für das
Königreich Sachsen vom Jahre 1852 § 93 wurden zur Barschaft schon ausdrücklich gerechnet „solche öffentliche Kreditpapiere, welche im gewöhnlichen Verkehre zur Zahlung gebraucht werden[4]." Als dann das deutsche Geld- und Münz-
wesen durch die Reichsgesetzgebung neu geregelt werden
sollte, erkannte schon bei den Vorbesprechungen der Präsident
des Reichskanzleramts „den unzertrennlichen Zusammenhang
der Bank- und Münzgesetzgebung" an; und der Finanzminister
Camphausen erklärte, daſs seiner Ansicht nach zwischen Banknoten und Papiergeld kein diametral entgegengesetzter Unterschied bestehe. Da jedoch die Hoffnung, Banknoten- und
Münzgesetz gleichzeitig vor den Reichstag zu bringen, nicht
hatte erfüllt werden können, gab man wenigstens in einem
Schluſsartikel (Art. 18) des Münzgesetzes vom 9. Juli 1873

[1] Vgl. Teil I Titel II § 12, Titel XII § 415, Titel XX § 286; Teil II
Tit. XX §§ 267. 1382 und 1183.

[2] So auch Keyſsner, Hinschius Zeitschr. Bd. II S. 129 i. f.

[3] 8. Aufl. S. 94 Nr. 13.

[4] Vgl. Kuntze a. a. O. S. 486 Note 31. Auch ist niemals be-
zweifelt worden, daſs nach österreichischem allgemeinen bürgerlichen
Gesetzbuch der daselbst häufig vorkommende Ausdruck Bargeld die
Banknoten mit einbegreift. Vgl. Unger a. a. O. Note 17.

die Richtung an, in welcher die Regelung der Bank- und
Papiergeldfrage erwartet wurde. Was in aller Welt sollte denn
hier Veranlassung gewesen sein, daſs in einem „Münzgesetze"
Präliminarbestimmungen betr. „Banknoten" getroffen werden,
wenn man sich nicht bewuſst gewesen wäre, daſs diese mit
den Münzen und dem Staatspapiergeld unter den einen allgemeinen Begriff „Geld" fallen! Übrigens hatte sich schon
die Reichsverfassung gegen die hier bekämpfte Auffassung
erklärt, daſs bei einem Gelde im Rechtssinne von einer
„Forderung" nicht die Rede sein könne; aus der Fassung des
Art. 4 Nr. 3 R.V., glaube ich, ist dies mit Sicherheit zu ent-
nehmen, es heiſst dort: „ . . . Die Feststellung der Grundsätze
über die Emission von fundiertem und unfundiertem Papiergelde" unterliege der Beaufsichtigung seitens des Reiches und
der Gesetzgebung desselben. Es würde hier eine contradictio
in adjecto vorliegen, wenn von fundiertem Papiergelde gesprochen würde, und zugleich Grundlage dieser Bestimmung
die Annahme sei, daſs, wie Laband z. B. meint, der Wert des
Papiergeldes lediglich auf dem Rechtssatze beruhe und keineswegs „auf dem Material und ebensowenig auf dem Kredit des
Emittenten."

In unserem geltenden Rechte finden wir eine ganze Reihe
gesetzlicher Bestimmungen, die zugleich für Geld und Wertpapiere zutreffen; die Gesetze sprechen daher häufig in einem
Satze von „Geld und Wertpapieren" von „Geld und geldwerten
Papieren" oder auch von „Geld und anderen vertretbaren
Sachen". Es sei beispielsweise verwiesen auf B.G.B. §§ 232.
233. 235. 372. 607. 702. 783, H.G.B. §§ 429, 2. 462,
K.O. §§ 129. 132. 137 . . . In diesen Fällen ist es —
wenigstens in der Regel — schwierig und praktisch auch unerheblich, zu entscheiden, ob das Gesetz die Banknoten als
„Geld" oder als „Wertpapiere" und dergl. behandelt wissen
will. Immerhin bleiben aber noch eine ganze Reihe von
Fällen übrig, wo es auch praktisch dringend notwendig erscheint, die Frage zu beantworten: Sieht das Gesetz in den
Banknoten eine Art Geld?

Eine genauere Prüfung des für die Gegenwart maſsgebenden Gesetzgebungsmaterials wird in aller wünschenswerten Deutlichkeit zeigen, daſs die im ersten Abschnitte dieser Arbeit entwickelte Theorie sich mit der Gesetzgebung vollkommen deckt: Das geltende Recht kennt einen allgemeinen und einen speciellen Geldbegriff; der allgemeinere umfaſst „Währungsgeld" und „Verkehrsgeld"; der speciellere nur das „Währungsgeld", dem ersteren Begriffe ist die Banknote unbedingt zu subsumieren. Man wird sich vergeblich bemühen, einen Gesetzparagraphen ausfindig zu machen, in welchem die Banknote lediglich als „Forderungspapier", als „Skripturobligation" behandelt wird. Schon das Bankgesetz vom 14. März 1875 rechnet die Banknoten ausdrücklich zum „Barvorrate" (§ 9 Abs. 1), und wenn der Gesetzgeber von „Barzahlung" spricht, wird gewiſs niemand irgendwelche Bedenken tragen, zuzugeben, daſs event. auch in Banknoten „bar" ausgezahlt werden kann. Ein Beispiel: Nach § 115 Gewerbeordnung ist der Gewerbetreibende verpflichtet, die Löhne seiner Arbeiter „bar" auszuzahlen; thut er dies nicht, so wird er nach § 146 1 mit Geldstrafe bis zu 2000 Mark und im Unvermögensfalle mit Gefängnis bis zu sechs Monaten bestraft. Dabei hat das Reichsgericht erkannt (E.Str. Bd. XXII S. 43), daſs die Vorschrift des § 115 sogar auch durch Fahrlässigkeit übertreten werden kann. Wie würde man allenthalben mit dem Kopfe schütteln, wenn nun einmal ein Gewerbetreibender, der einen Arbeiter mit einer Banknote · bezahlt hat, wegen dieses „Verbrechens" strafrechtlich zur Verantwortung gezogen würde, weil die Banknote ja kein Geld, sondern nur ein Forderungspapier sei! Ganz ausdrücklich wird die durch die Banknote repräsentierte Forderung von allen anderen Kapitalforderungen im preuſsischen Ergänzungssteuergesetze § 7b getrennt; hier wird gesagt: „Das sonstige Kapitalvermögen umfaſst: a) verzinsliche Kapitalforderungen jeder Art, b) bares Geld deutscher Reichswährung, fremde Geldsorten, Banknoten und Kassenscheine... 1 "

---

1 Gesetzblat 1893 S. 136. Vgl. ferner die Verfügungen des preuſsischen Justizministers vom 12. Dezember und 20. Dezember 1899 J.M.Bl.

Unsere Gesetzgebung behandelt jedoch nicht nur die Banknoten wie Geld, sie fafst sie auch thatsächlich mit unter den Begriff „Geld" (im allgemeinen Sinne). Besonders interessant ist in dieser Hinsicht § 815 C.P.O.; es heifst da u. a: „gepfändetes Geld ist dem Gläubiger abzuliefern" . . . . . „Die Wegnahme des Geldes durch den Gerichtsvollzieher gilt als Zahlung von seiten des Schuldners." Die ratio legis ist einfach die: wird Geld gepfändet, so bedarf es natürlich einer Verwertung der gepfändeten Sache durch Verkauf nicht, weil ja das Geld unmittelbar zur Befriedigung des Gläubigers verwendbar ist. Es ist nun bestritten, dafs hier unter Geld auch Banknoten verstanden seien[1]. M. E. durchaus mit Unrecht und ebensowenig ist die vermittelnde Ansicht Planck's haltbar: die Bestimmungen des § 815 finden nur definitive Anwendung bei Geldstücken, die der Gläubiger in Zahlung annehmen m ü s s e, nur einstweilen bei Geldstücken oder Wertzeichen, welche der Gläubiger voraussichtlich in Zahlung nehmen w e r d e. „Trifft diese Erwartung nicht zu, so hat der Gerichtsvollzieher nach den gewöhnlichen Regeln zu verkaufen." Die Bestimmungen des Paragraphen würden also der Chikane des Gläubigers Thor und Thüre öffnen. Das ist gewifs von dem Gesetze nicht beabsichtigt, vielmehr ist mit Sicherheit anzunehmen, dafs unter die Bestimmungen des § 815 auch die Banknote falle, solange der Verkehr sie mit dem Gelde auf gleiche Stufe stellt und

S. 627 u. 806. Auch im „Depotgesetze" (3. Juli 1896) sind „Banknoten und Papiergeld" ausdrücklich von den Bestimmungen des Gesetzes ausgenommen. Die Erwähnung des „Papiergeldes" im Gesetzestexte ist auf einen Beschlufs der Reichstagskommission zurückzuführen (Komment. S. 2). Offenbar sollen damit die Kassenscheine gemeint sein, diese sind aber ebensoviel und ebensowenig Papiergeld wie die Banknoten. Diese mifsglückte Terminologie kann natürlich für die juristische Konstruktion ebensowenig von Belang sein, wie es etwa der Umstand, dafs § 87 C.P.O. von einem Vollmachtsvertrage redet, für den Rechtsbegriff der Vollmacht ist.

[1] So Wilmowski-Levy 2. Aufl. S. 832. Dagegen wie hier Seuffert 7. Aufl. S. 916; Sarwey 2. Aufl. S. 197; Richard Schmidt, Lehrb. der C.P.O. S. 624; Koch, Geld und Wertpapiere im Civilprozefs in Busch, Deutscher C.P. Bd. III S. 363 u. Endemann, Der deutsche C.P. 1879 S. 200 ff.

solange der Gläubiger die Banknote eben so sicher und mit ebenso wenig Umständen „verwerten" kann, wie etwa gepfändete Gold- und Silbermünzen. Nehmen wir nun aber einmal an, die Banknote sei kein „Geld" im Sinne der C.P.O.; konsequent müfste man dann auch die sich aus folgendem Schuldscheine ergebende Forderung keine Geldforderung nennen:

> „Ich bescheinige heute von X 200 Mark erhalten zu haben, die ich in 1 Monat in Reichsbanknoten wiederzuzahlen verspreche."

Mithin würden hier die in den §§ 803 ff. der C.P.O. aufgestellten Bestimmungen bezüglich Zwangsvollstreckung wegen Geldforderungen gar nicht in Anwendung kommen können; die Bestimmung des § 829: „Soll eine Geldforderung gepfändet werden, so hat das Gericht dem Drittschuldner zu verbieten, an den Schuldner zu zahlen", könnte nicht Platz greifen etc., Folgerungen, die doch jedenfalls scharf genug die Voraussetzungen, an die sie sich anknüpfen, als unrichtig zurückweisen.

Auch das Handelsgesetzbuch bietet für unsere Untersuchung reiches Material; hier läfst es sich besonders klar durch Beispiele zeigen, dafs unsere Gesetzgebung das Wort Geld zur Bezeichnung zweier verschiedener Begriffe gebraucht: § 39 H.G.B. verlangt von dem Kaufmann, dafs er bei Beginn seines Handelsgewerbes u. a. seine Forderungen und Schulden, den Betrag seines „baren Geldes" und seine sonstigen Vermögensgegenstände genau verzeichne. Ich glaube, dafs man schon recht lange suchen müfste, ehe man einen Kaufmann finden würde, der seine „Banknoten" unter Forderungen oder gar unter „sonstigen Vermögensgegenständen" bucht. § 110 bestimmt für die offene Handelsgesellschaft, dafs das von einem Gesellschafter in Gesellschaftsangelegenheiten aufgewendete „Geld" von der Zeit der Verwendung an zu verzinsen sei. § 149 weist die Liquidatoren der offenen Handelsgesellschaft an, das Vermögen der Gesellschaft in „Geld" umzusetzen . . . . .; in allen diesen Fällen hiefse es wahrhaftig Worte verschwenden, wenn man noch erst des langen und breiten begründen wollte, daſs hier das Gesetz als „Geld" auch „gesetzlich zugelassene Noten deutscher Banken" betrachtet. Dagegen wird nun im § 195 Abs. 3 i. f. H.G.B. der Begriff „Barzahlung" folgendermaſsen erläutert: „Als Barzahlung gilt nur die Zahlung in deutschem Gelde, in Reichskassenscheinen, sowie in gesetzlich zugelassenen Noten deutscher Banken." Man würde mithin geradezu vor einem Tohuwabohu stehen, wenn man nicht die oben ausgesprochene Behauptung, daſs unsere Gesetze neben dem speciellen Geldbegriff (= Währungsgeld) einen allgemeineren kennen, zugeben wollte.

In seiner Einführung (Band I S. 519) behauptet F. Endemann, daſs die „Eigenschaft als Geld" einer Sache kraft positiver Rechtsvorschrift, heute ausschlieſslich kraft der der staatlichen Gesetzgebung zukomme. Die Unhaltbarkeit dieser Behauptung scheint Endemann selbst zu fühlen, er fügt nämlich gleich hinzu: „Daneben ist aber anzuerkennen, daſs Geld im weiteren Sinne auch andere Wertträger ohne Zwangskurs umfaſst", um dann fortzufahren: „In diesem Sinne wird ‚Geld' im B.G.B. aber nicht gebraucht." Ich glaube, das Gegenteil ist unschwer zu beweisen.

§ 270 B.G.B. lautet:

„Geld hat der Schuldner im Zweifel auf seine Gefahr und seine Kosten dem Gläubiger an dessen Wohnsitz zu übermitteln."

Die Bestimmung wäre wenigstens für gröſsere Forderungen so ziemlich pro nihilo, wenn sie für Banknoten nicht maſsgebend sein sollte. Nach § 370 ist der Überbringer einer Quittung ermächtigt, die quittierte Leistung in Empfnng zu nehmen. Würde nun die Quittung auf 100 Mark lauten und der Schuldner mit einem Hundertmarkscheine bezahlen wollen, so wäre der Überbringer, falls man die Geldqualität der Banknote in Abrede stellt, nicht in der Lage, dieselbe anzunehmen, weil er ja zur Annahme an Erfüllungsstatt nicht ermächtigt ist (vgl. Fischer-Henle zu § 370). Womöglich noch deutlicher beweisen einige Paragraphen des Familien- und Erbrechts, daſs Endemann's Ansicht irrig ist. § 1653 schreibt vor, daſs der

Vater „Geld" seines Kindes nur mit Genehmigung des Vormundschaftsgerichts für sich veräußern und verbrauchen darf; § 1806 fordert von dem Vormunde, daß er das zum Vermögen des Mündels gehörende „Geld" verzinslich anlege und § 2119 trifft ähnliche Bestimmungen für den Vorerben. Sollte man denn wirklich glauben, daß unsere Gesetzgeber so unglaublich thöricht gewesen· sind — sit venia verbis —, daß sie Schutzmaßregeln mit Rücksicht auf das „Kleingeld" des Mündels etc. trafen, die für das „Großgeld" — als solches betrachtet nun einmal die Verkehrsauffassung die Banknoten — nicht maßgebend sind? Soll man wirklich bei Erforschung der scientia legis zu dem Resultate kommen, daß etwa ein Vormund, der ein „Barvermögen von etlichen Tausend Mark, die allerdings — und das ist die Regel — in Hundert- oder Tausendmarkscheinen aufbewahrt werden, zu verwalten hat, diese Tausende nicht verzinslich anzulegen braucht, während er etliche zwanzig Mark, die zufälliger Weise durch „klingende Münze" dargestellt werden, schleunigst auf Zins austhun muß? Es wurde bereits darauf hingewiesen, daß vielfach im B.G.B. von „Geld und Wertpapieren" gesprochen wird; wenn auch praktisch nicht bedeutsam, so wäre es doch nicht uninteressant zu wissen, ob das Gesetz die Banknote dem „Gelde" oder den „Wertpapieren" unterordnet. § 234 bietet eine Handhabe zur Befriedigung dieser Neugierde. Nach § 232 kann der, welcher Sicherheit zu leisten hat, dies durch Hinterlegung von Geld oder Wertpapieren bewirken. § 234 Abs. 1 Satz 1 lautet nun aber wörtlich:

„Wertpapiere sind zur Sicherheitsleistung nur geeignet, wenn sie auf den Inhaber lauten, einen Kurswert haben und einer Gattung angehören, in der Mündelgeld angelegt werden darf."

Abs. 3 fügt hinzu:

„Mit Wertpapieren kann Sicherheit nur in Höhe von drei Vierteilen des Kurswertes geleistet werden" [1].

Daß das Gesetz die Banknoten nicht diesen Vorschriften

---

[1] Man vgl. auch Gesetz über die Zwangsversteigerung u. Zwangsverwaltung vom 24. März 1897 § 69.

über „Wertpapiere" unterwerfen will, wird wohl ebenso wenig
bestritten werden, wie es selbstverständlich ist, daſs auch
Banknoten zur Hinterlegung geeignet sind; der Schluſs ergiebt
sich mithin ohne weiteres: Die Banknote ist eine Art Geld
im Sinne des § 232 B.G.B.

Fügen wir noch hinzu, daſs für Reichs- und Landeskassen
administrative Ermächtigungen erlassen sind, wonach diese
angehalten sind, wenigstens unter gewissen Bedingungen Banknoten in Zahlung zu nehmen[1], der „Kassenkurs" (vgl. Seite
134 Anm. 1) hier also einem „gesetzlichen Kurs" sich bereits
sehr nähert, so darf wohl behauptet werden, daſs das, was zu
beweisen war, voll und ganz bewiesen ist: Die Banknote ist
auch im Rechtssinne eine Art Geld.

Zum Schlusse möge hier noch ein kurzer Zusatz über die
Banknote in ihrer Eigenschaft als Tilgungsmittel von Geld-
obligationen Raum finden. Die eigentliche Banknote ist lediglich
ein Verkehrsgeld und daher ist, wie wir bereits in § 11 sahen,
der Gläubiger, falls nicht etwa ausdrücklich die Zahlung in
Banknoten bedungen ist und falls nicht etwa ein besonderes
Gewohnheitsrecht Platz greift[2], zur Annahme von Banknoten
nicht verpflichtet. Aber unrichtig ist es doch wohl, wenn
Goldschmidt u. a. meinen, nur Zahlung in Währungsgeld sei

---

[1] Über die Annahme der Reichsbanknoten (u. Reichskassenscheine)
bei Zahlungen bestimmt eine durch allgemeine Verfügung vom 11. Febr.
1876 (J.M.Bl. S. 35) den Justizbehörden zur Nachachtung mitgeteilte
Verfügung des preuſsischen Finanzministers vom 5. Jan. folgendes: „Eine
Verpflichtung zur Annahme der Banknoten bei Zahlungen findet nicht
statt und besteht insbesondere auch für die Königl. Kassen keine be-
zügliche Gesetzesverpflichtung. Ich bestimme jedoch, daſs die Reichsbanknoten von den Königl. Kassen bei allen den Nominalbetrag der
Noten erreichenden resp. übersteigenden Zahlungen anzunehmen
sind. Die Königl. Kassen werden die Reichsbanknoten demnächst bei
ihren Zahlungen zu benutzen haben, indem zu erwarten ist, daſs dieselben als ein beliebtes Zahlungsmittel von Hand zu Hand gehen
werden."

[2] Keyſsner berichtet über ein Beispiel (Hinschius Z. I S. 133)
für seine Zeit (der Aufsatz wurde 1868 veröffentlicht), daſs ein Handels-
brauch bestehe, demzufolge der Kaufmann verpflichtet sei, zur Tilgung

wahre Erfüllung (solutio), jede Zahlung mit anderem „Gelde“ sei ein bloſses Geben an Zahlungsstatt (datio in solutum)[1]. Selbst wenn man nur auf die äuſsere Form der Banknote, ihren Forderungscharakter sieht, kann man immerhin mit Ravit und Hartmann darauf hinweisen, daſs es an und für sich mit dem Begriff der solutio sich vollkommen vereinbaren lasse, wenn die aufgehobene Obligation durch eine andere ersetzt werde[2]. Wie die Scheidemünzen nach unten sind, so sind die Banknoten nach oben, ebenso wie demjenigen „Zahlung“ geleistet wird, welcher mehr in Scheidemünzen nimmt, als er zu nehmen verpflichtet ist; ebenso wird man keine Bedenken tragen dürfen, von Erfüllung und nicht von Leistung an Erfüllungsstatt zu sprechen, wenn jemand statt Währungsgeld Banknoten angenommen hat[3]. Mit der entgegengesetzten Ansicht kann man übrigens auch wohl kaum die Verpflichtung der Banken, ihre Noten in jedem Betrage „in Zahlung zu nehmen“ in Einklang bringen. Diese Verpflichtung fällt, wie auch Mandry (a. a. O. S. 225 Anm. 15) mit Recht hervorhebt, mit der Einlösungspflicht keineswegs zusammen und bezieht sich auf solutio in technichem Sinne, nicht auf datio in solutum[4].

---

seiner Geldforderungen aus Handelsgeschäften von dem Schuldner preuſsische Kassenanweisungen, Darlehnsscheine, Noten der Preuſsischen Bank und der Obligationen der Privatbanken gleich dem Metallgeld in Zahlung zu nehmen.

[1] Vgl. die oben Seite 64 angeführte Entscheidung des Hofgerichts zu Darmstadt, das eine solutio nur bei Metallgeld Platz greifen läſst.

[2] Vgl. Karlowa, Kritische Vierteljahrsschrift Bd. 11 S. 558.

[3] Wie hier z. B. Unger a. a. O. S. 6 ff.; Beseler a. a. O. S. 504; Regelsberger a. a. O. S. 398; ferner Koch, Brunner, Gierke, W. Endemann. Anderer Ansicht auſser Goldschmidt besonders Kuntze und Knies; vgl. auch Voigtel, „Das Geld und die Geldpapiere als Tilgungsmittel der Geldobligation“, Hinschius Z. I S. 467.

[4] Vgl. auch die Seite 83 Anm. 2 citierte Verfügung vom 5. Januar bezw. 11. Februar 1876.

LIBRARY OF THE UNIVERSITY

**THIS BOOK IS DUE ON THE LAST DATE
STAMPED BELOW**

AN INITIAL FINE OF 25 CENTS
WILL BE ASSESSED FOR FAILURE TO RETURN
THIS BOOK ON THE DATE DUE. THE PENALTY
WILL INCREASE TO 50 CENTS ON THE FOURTH
DAY AND TO $1.00 ON THE SEVENTH DAY
OVERDUE.

DEC 29 1932

LD 21–50m-8,·32

YC 9

Kobel, R.
    Die geldqualität der
banknote.

.W4

MAR 28 1932
DEC 29 1932

Rose
Willis

MAR 28 1932
JAN 7

112187
HG 608
.W4

Lightning Source UK Ltd.
Milton Keynes UK
UKHW02n0830190818
327370UK00002B/25/P